公益法人をめぐる
新しい会計・制度・税務

税理士 苅米 裕

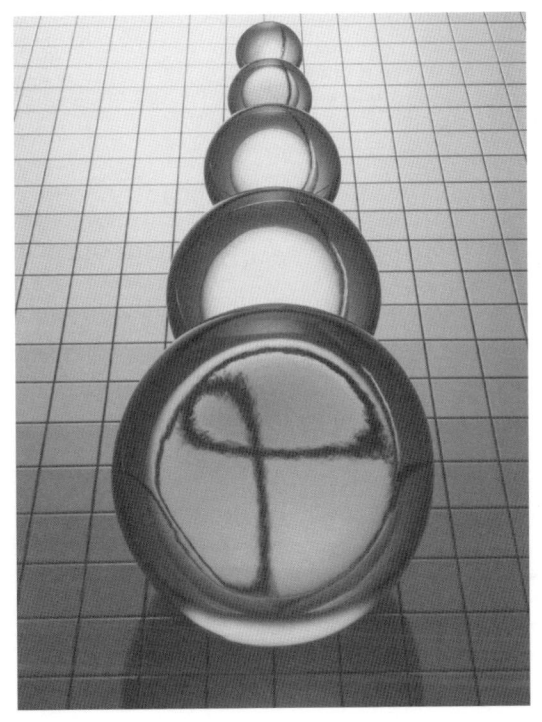

財経詳報社

は　し　が　き

　私はご縁があって税理士という立場では珍しく、社団法人及び財団法人の方々との接点を多く持たせていただいております。もちろん、その関与の比重は、総務や経理をご担当されている方々が中心となっております。平成18年度から着手されている新公益法人会計基準への移行は、まさに当事者の一人として、疑問の山を登るために、日々一歩一歩進んでいる状況です。そのリアルな疑問を共有しながら進めている実務処理は、生きた情報として約25,000法人と言われる社団法人及び財団法人の職員の方へのツールとして、何らかの形で提供し、かつ、それを活用できるのではないかという気持ちがありました。本書は、その思いを形にするべく、限られた紙幅の中で、盛り沢山の湧き上がった疑問の回答への道筋、実務運用上のサポート、さらに最新情報の提供を共有させることを基本コンセプトとしたものです。その欲張りな姿勢は、会計実務初心者の方々のための簿記の基本から、実務に直面している新公益法人会計基準への移行の手順、新公益法人制度改革の展望を検討するところにまで及びました。ただ、どこか自身の実務経験を表現しているため、中小公益法人への目線が強くなってしまっている観がいなめません。この点は、社団法人及び財団法人にとって、絶対に必要な情報に凝縮することが本書の目的であると、理解をしていただけると幸いです。

　ところで、平成14年に新公益法人制度改革への取組みがスタートし、社団法人及び財団法人については、これまでにない大きな変革期に突入しました。新公益法人制度改革の内容は、会計や税制にとどまらず、設立、組織、運営及び管理の方法など多岐にわたり、まさにバケツをひっくり返すような大転換です。このような状況下であっても、実務担当者にとっては困惑ばかりが積み上がり、アタフタしているうちに時間が経過しているというのが現状です。後戻りができない改革の流れは、正面から向き合うしかないのです。「ならば少しでも後回しにしたい……。」、「情報が明白になってから……。」など、躊躇するようなコメントが囁かれることもあります。しかし、新しい世界へ踏み込むタイミングは、早ければ早いほど運営の安定を得られる時期も早期に到来すると感じます。

私の思考は、制度改革は始まったと同時に着手です！　そのために必要な行為は、改革が本格的に始動する前に充分な議論と準備を行うことです。不明瞭な時期にアクションを起こすことは、多分にロスを生ずることもあるでしょう。しかしながら、あえてその思考を変えないのは、一旦は議論の中で得られた方向性は、その穂先が少々変化しても、理解の根は得てしてより深いものになっているからです。

　本書を書き下ろしている時期は、公益法人制度改革３法に係る政令と内閣府令が交付され、公益法人税制については税制改正大綱が公開された直後であり、公益法人制度改革のガイドラインが公開されていない状況です。さらに改革全般の実際の運用となると、始まらなければわかりません。わからない中で意見を記すのは、その後の運用等の変化によって覆されてしまうこともあるでしょう。それでも、先に述べましたように、「ロスがあっても着手する」という私の姿勢の現れであると寛容に受け止めていただけますと幸いです。

　平成20年1月

苅米　裕

目　次

はしがき

第Ⅰ章　公益法人に必要な簿記の基礎知識 …………1
(1)　公益法人会計の目的 …………1
(2)　公益法人会計の簿記 …………1
　① 簿記の意義と目的 …………1
　② 主要財務諸表の意義と目的 …………2
(3)　取引の捉え方における単式簿記と複式簿記との異同点 …………4
　① 収入（収益）の認識時期の異同 …………4
　② 支出（費用）の認識時期の異同 …………5
(4)　貸借平均の原理と取引の8要素 …………6
　① 貸借平均の原理 …………6
　② 取引の8要素のうち借方ベースとなる4分類 …………6
　③ 取引の8要素のうち貸方ベースとなる4分類 …………9

第Ⅱ章　取引の記録と伝票、帳簿及び試算表の作成 …………13
(1)　資産・負債・正味財産・収益・費用による勘定科目の設定 …………13
　① 財務諸表と勘定科目の分類 …………13
　② 財務諸表と科目分類との関係 …………15
　③ 仕訳のシステムと科目分類との関係 …………15
(2)　仕訳の意味と勘定科目との関係 …………18
(3)　勘定科目の増減と当期正味財産増減額との関係 …………20
(4)　取引の起票と仕訳の法則に基づく勘定口座への記入の手順 …………21
　① 入金伝票 …………22
　② 出金伝票 …………22
　③ 振替伝票 …………23
(5)　仕訳帳の記入から総勘定元帳への転記 …………26
(6)　試算表の作成による記帳・計算の検証 …………28

第Ⅲ章　新公益法人会計基準の概要と移行準備手続き……31

 (1) 新公益法人会計基準の概要……31

 (2) 新公益法人会計基準への移行準備手続き……34

 (3) 新公益法人会計基準による収支予算書及び収支計算書の作成……36

  ① 収支予算書等の新様式……36

  ② 新公益法人会計基準適用初年度における収支予算書の前年度予算額との比較増減方法……36

  ③ 収支予算書等の総括表……38

  ④ 収支予算書等で使用する勘定科目……38

 (4) 新公益法人会計基準による正味財産増減計算書の作成……49

  ① ストック式からフロー式へ……49

  ② 新しいフロー式正味財産増減計算書の特徴点……49

  ③ 正味財産増減計算書の総括表……50

  ④ 正味財産増減計算書で使用する勘定科目……50

 (5) 新公益法人会計基準による貸借対照表の作成……63

  ① 正味財産の部と固定資産の組み替え……63

  【具体例】　特定資産、指定正味財産及び一般正味財産の新会計基準適用初年度の期首残高の組み替え……68

  ② 新しい貸借対照表の特徴点……70

  ③ 貸借対照表の総括表……70

  ④ 貸借対照表で使用する勘定科目……70

第Ⅳ章　収支取引と損益取引との相違……77

 (1) 収支予算書と収支計算書……77

  ① 収支予算書の作成意義……77

  ② 収支計算書による事績報告……77

  ③ 資金と資金の範囲……78

 (2) 収支取引から損益取引への変化……80

  ① 収支計算書と正味財産増減計算書の違い……80

  ② 間違えやすい収支取引と損益取引……81

第Ⅴ章　新公益法人会計基準に基づく特別な経理処理 ……………85

⑴　減価償却制度と会計処理 ………………………………………85
①　新公益法人会計基準の取扱い ………………………………85
【具体例】 減価償却費の計上をしていない法人の処理（適用初年度平成19年度） ………87
②　平成19年度税制改正／減価償却制度（法令48） ……………89
③　税法上の償却方法の選定 ……………………………………95
④　会計上の償却方法の選定 ……………………………………98

⑵　退職給付会計と会計処理 ………………………………………100
①　退職給付会計制度の概要 ……………………………………100
②　退職給付会計を実施していない法人の適用初年度の取扱い ……………100
【具体例】 退職給付会計導入に伴う会計基準変更時差異の取扱い ………102

⑶　有価証券の評価と会計処理 ……………………………………103
①　有価証券の期末評価 …………………………………………103
②　保有目的の区分と変更 ………………………………………103
③　有価証券の評価損益を計上する場合の正味財産増減計算書の表示区分及び科目 ……………104
④　償却原価法の会計処理 ………………………………………105
【具体例】 指定正味財産に区分される寄附によって受け入れた基本財産としての満期保有目的の債券について償却原価法を適用する場合 ……………106
【具体例】 一般正味財産から充当された基本財産としての満期保有目的の債券について償却原価法を適用する場合 ……………107
⑤　新公益法人会計基準適用初年度における有価証券の取扱い ……………108
【具体例】 償却原価法導入に伴う会計基準変更時差異の取扱い ……………109

第Ⅵ章　脚注表示の変更 ……………111

１　財務諸表に対する注記 ……………111
１．重要な会計方針 ……………111
⑴　有価証券の評価基準及び評価方法 ……………111
⑵　棚卸資産の評価基準及び評価方法 ……………112
⑶　固定資産の減価償却の方法 ……………112
⑷　引当金の計上基準 ……………113
⑸　リース取引の処理方法 ……………113

(6) 消費税等の会計処理 ……………………………………………………116
　2．会計方針の変更 ………………………………………………………………116
　3．基本財産及び特定資産の増減額及びその残高 ………………………………117
　4．基本財産及び特定資産の財源等の内訳 ………………………………………118
　5．担保に供している資産 ………………………………………………………119
　6．固定資産の取得価額、減価償却累計額及び当期末残高 ……………………119
　7．債権の債権金額、貸倒引当金の当期末残高及び当該債権の当期末残高 …120
　8．保証債務等の偶発債務 ………………………………………………………121
　9．満期保有目的の債券の内訳並びに帳簿価額、時価及び評価額 ……………122
　10．補助金等の内訳並びに当期の増減額及び残高 ………………………………122
　11．指定正味財産から一般正味財産への振替額の内訳 …………………………123
　12．関連当事者との取引の内容 …………………………………………………123
　13．重要な後発事象 ………………………………………………………………125
　14．その他 …………………………………………………………………………125
　2　収支計算書に対する注記 ………………………………………………………126
　1．資金の範囲 ……………………………………………………………………126
　2．次期繰越収支差額に含まれる資産及び負債の内訳 …………………………126
　3．科目間の流用及び予備費の使用 ……………………………………………127
　　(1) 科目間の流用 …………………………………………………………127
　　(2) 予備費の使用 …………………………………………………………127

第Ⅶ章　簡単な設例に基づく取引の仕訳から精算表による決算のまとめ方 ……………………………………………129
(1) 正味財産増減計算に関わる取引の仕訳例 ……………………………………129
(2) 資産・負債・正味財産に関わる取引の仕訳例 ………………………………130
(3) 合計残高試算表の作成と精算表による決算整理記入 ………………………133
　精算表〔記入フォーム〕 …………………………………………………………136
　精算表〔平成Ｘ1年4月1日～平成Ｘ2年3月31日〕 ……………………………138

第Ⅷ章　公益法人制度改革の概要と運用の検討 ……………………141
　1　公益法人制度改革 ………………………………………………………………141
　2　現行の公益法人の移行システム ………………………………………………143

1．公益法人制度改革後の公益法人 ……………………………………………143
　　　2．公益社団法人・公益財団法人への移行の手続き …………………………144
　　　　(1) 公益認定後の遵守事項 ……………………………………………………145
　　　　(2) 公益認定を取り消された場合 ……………………………………………145
　　　3．一般社団法人・一般財団法人への移行の手続き …………………………146
　　　4．公益目的財産額 ………………………………………………………………147
　　　　(1) 公益目的財産額（整備法規則14）…………………………………………147
　　　　(2) 公益目的取得財産残額（認定法規則48）…………………………………148
　③　公益法人制度改革後の機関設計 …………………………………………………150
　④　公益社団法人又は公益財団法人への移行のための公益認定の基準 …………152
　　　1．公益認定の方向性 ……………………………………………………………152
　　　2．公益認定の基準 ………………………………………………………………152
　　　　(1) 目的事業 ……………………………………………………………………152
　　　　(2) 財務諸表の開示能力 ………………………………………………………155
　　　　(3) 法人の目的及び事業の性質、内容に関するもの ………………………156
　　　　(4) 法人の機関に関するもの …………………………………………………166
　　　　　【具体例】　特別の関係がある者の構成割合 ……………………………167
　　　　　【具体例】　他の同一の団体の構成割合 …………………………………171
　　　　(5) 法人の財産に関するもの …………………………………………………175
　　　3．公益認定の申請 ………………………………………………………………181
　⑤　今後の注目すべき動向……………………………………………………………184

第Ⅸ章　公益法人関係税制の方向性 …………………………………………………185
　(1)　公益法人制度改革に伴う税制上の対応 ………………………………………185
　(2)　法人税における公益法人課税の概要 …………………………………………186
　(3)　新たな法人制度における社団法人・財団法人に対する課税 ………………187
　　　① 法人税の納税義務 ……………………………………………………………188
　　　② 課税所得の範囲 ………………………………………………………………188
　　　③ 適用税率 ………………………………………………………………………188
　　　④ みなし寄附金 …………………………………………………………………188
　　　⑤ 寄附金の損金算入限度額 ……………………………………………………189
　　　⑥ 利子等に係る源泉所得税の取扱い …………………………………………189

- (4) 非営利一般法人～収益事業課税法人 ……………………………………191
  - ① 剰余金の分配等の制限のある一般社団法人又は一般財団法人 ……191
  - ② 会員に対する共益活動を行う一般社団法人又は一般財団法人 ……192
- (5) 収益事業課税法人に該当するための要件 …………………………………192
- (6) 課税所得の範囲の変更に伴う所要の調整等 ………………………………194
  - ① 特例民法法人等の取扱い ………………………………………………194
  - ② 普通法人に移行した場合等の取扱い …………………………………194
  - ③ 非営利一般法人等に移行した場合の取扱い …………………………195
- (7) 公益法人制度改革に伴う寄附税制の整備 …………………………………196
  - ① 寄附金の損金不算入制度の取扱い ……………………………………197
  - ② 国等に対して財産を寄附した場合の譲渡所得等の非課税（措法40）……197
  - ③ 国等に対して相続財産を贈与した場合等の相続税の非課税等（措法70）……198
- (8) 公益法人制度改革に伴うその他の公益法人関係税制の整備 ……………200
- (9) その他の関連諸制度の整備等 ………………………………………………201
  - ① 収益事業の範囲 …………………………………………………………202
  - ② 合併が行われた場合の課税上の取扱い ………………………………202
  - ③ みなし事業年度 …………………………………………………………203
  - ④ 収支計算書の提出対象法人の範囲 ……………………………………203
  - ⑤ 外国公益法人等の指定制度の廃止 ……………………………………204
  - ⑥ 贈与税等の租税回避の防止措置 ………………………………………204
- (10) 地方税 …………………………………………………………………………205

参考文献等 …………………………………………………………………………207

第Ⅰ章　公益法人に必要な簿記の基礎知識

（1）　公益法人会計の目的

　公益法人会計の最終的な目的は、①決算日における財政状態、②一会計期間における事業運営状況及び、③資金収支の状況に関する会計情報を「利害関係者」に報告することにあります。その報告の手法は、画一的なルールの下で作成される、財務諸表と呼ばれる計算書類によってなされます。この財務諸表の作成ルールを統一化することによって、誰が見ても誤った会計判断をすることなく、的確な情報を開示することが可能となります。これが公益法人会計基準の目指すところであり、それゆえ公益法人会計の規範たる存在となっているゆえんです。

　なお、利害関係者とは、資金等の提供者、一般の市民、主務官庁などの行政機関、債権者などをいいます。

（2）　公益法人会計の簿記

①　簿記の意義と目的

　簿記とは、一会計期間における①資産や負債の増減、②正味財産の増減に係る収益や費用の発生を記録し、③利害関係者に対して開示すべき貸借対照表や正味財産増減計算書などの財務諸表を作成するための一連の手続きをいいます。

　一会計期間内に生じた取引を漏れなく記録するため、伝票、帳簿を起票等しながら、両者の連携を保ち、その経過状況の把握と検算能力を求めて試算表等を作成します。終局的には、一会計期間内に生じた取引の集大成として、財務諸表として取りまとめを行うことになります（図表1参照）。

　なお、会計期間（事業年度又は会計年度は同義語）とは、取引の記録及び財務諸表作成の計算単位をいい、定款又は寄附行為に定めてあります。公益法人の大半は、4月1日スタート（開始）、3月31日ゴール（決算）というパターンが多く見受けられます。

　また、一般的に簿記といえば、「仕訳」と呼ばれる手法を用いて取引を記録する複式簿記

図表1　一会計期間における公益法人簿記の一巡の手続き

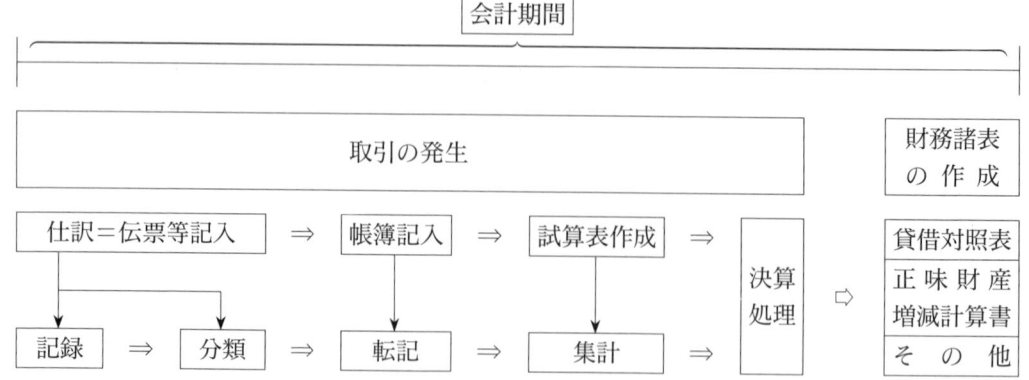

図表2　正規の簿記の原則

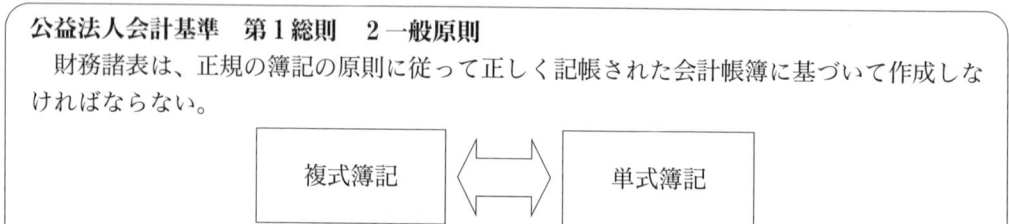

と家計簿のように簡素な会計記録とする単式簿記というものに区分されます。公益法人会計が予定している簿記は、当然複式簿記であり、公益法人会計基準では「正規の簿記の原則」として表現されています（図表2参照）。

② 主要財務諸表の意義と目的

公益法人の財務諸表は、図表3に掲げるとおりです。本章では、主要な財務諸表である貸借対照表と正味財産増減計算書について、触れておきたいと思います。

貸借対照表とは、一定時点における資産、負債及び正味財産の状態を表すために、複式簿記と呼ばれる手法により正味財産増減計算書などと同時に作成され、その利害関係者に財政状態に関する情報を提供することを目的としています。なお、財産目録は、貸借対照表の資産及び負債の明細を開示するものと考えていただければよいでしょう。

また、正味財産増減計算書は、一事業年度における事業運営によって、正味財産がどのような原因で増減したのかを表すものです。企業会計にはない独自の財務諸表であるため、やや認知度が低いのですが、正味財産の増減を当期純損益の発生に置き換えて捉えていただく

図表3　財務諸表の意義

呼称の変化	従前の公益法人会計基準	新公益法人会計基準
計算書類 ↓ 財務諸表	【計算書類】 ① 収支計算書 ② 正味財産増減計算書〔ストック式又はフロー式の選択〕 ③ 貸借対照表 ④ 財産目録	【財務諸表】 ① （内部管理書類へ移行） ② 正味財産増減計算書〔フロー式に統一〕 ③ 貸借対照表 ④ 財産目録 ⑤ キャッシュフロー計算書〔大規模公益法人に作成義務を限定〕

(注)　大規模公益法人の規模
　　　キャッシュ・フロー計算書を作成する必要がある公益法人は、次の①②③のいずれかに該当する法人となります。
　　① 前事業年度末の貸借対照表の「資産」合計額が100億円以上の法人
　　② 前事業年度末の貸借対照表の「負債」合計額が50億円以上の法人
　　③ 前事業年度の正味財産増減計算書の一般正味財産増減の部「経常収益」額が10億円以上の法人

と理解の手助けとなります。様式として、従前はストック式とフロー式に区分され、ストック式の採用ケースの比重が高かったのですが、新公益法人会計基準によってフロー式に一本化されました。前者のストック式は、一事業年度における資産と負債の増減から、正味財産の増減を表現するものです。後者のフロー式は、一事業年度における収益と費用から正味財産の増減要因を表しています。新公益法人会計基準によって、後者に統一され、さらに企業会計における損益計算書と同様の概念に整理されたことによって、比較的なじみやすい財務諸表へ変革が施されております。これがフロー式に統一化された理由であると説明がされています。

（3） 取引の捉え方における単式簿記と複式簿記との異同点

① 収入（収益）の認識時期の異同

　社団法人等が会員に対して、会費の請求書を発行したという段階では、現金や預金（資金）を手にしているわけではありませんので、収入（収益）を認識するという概念はないでしょう。しかしながら、複式簿記上では、会則等で定められている請求時期に行った手続きであることに着目して、収入を得ることが請求時点で確定していると考えます。つまり、複式簿記の原理では、権利の確定した時点で収入（収益）を認識することになります。

　そうはいっても、取引のすべての記録について、一般概念（単式簿記的な考え方）と複式簿記の収入（収益）の認識時期が異なるということではありません。たとえば、社団法人等が主宰した研修会の参加費用を研修会場で徴収することとしている場合には、収入（収益）の権利の確定した時点が双方同じになります。

　ここで、収入（収益）の認識時期を整理してみると、一般概念は現金や預金（資金）を実際に手にした時点、複式簿記では権利の確定した時点という意味合いになります（図表4参照）。

図表4　収入（収益）の認識時期の異同

区　分	一般概念		複式簿記
会員に係る会費の収入時期が到来した（権利が確定した）	何ら認識をしない	≠	収入（収益）を計上する ＋ （正味）財産が増加する 未収会費／受取会費　×××
後日会費が振り込まれた	収入（収益）を計上する ＋ （正味）財産が増加する 普通預金／受取会費×××	≠	未収会費であったものが普通預金に変化した （資金資産が変化する） 普通預金／未収会費　×××

　※　一般的な概念では、実際に現金預金の収受があるまでは収入（収益）の認識をしません。

研修会の参加費用を会場で現金収受した	収入（収益）を計上する ＋ （正味）財産が増加する 現　金／受取会費×××	＝	収入（収益）を計上する ＋ （正味）財産が増加する 現　金／受取会費　×××

② 支出（費用）の認識時期の異同

　社団法人等が会員のために行う事業の遂行上、要した事業費の請求を受けたという段階では、現金や預金（資金）を支払っているわけではありませんので、支出（費用）を認識するという概念はないでしょう。しかしながら、複式簿記上では、支払期日が到来したことによって請求を受けたという点に着目して、支出すべき義務が確定していると考えます。つまり、複式簿記の原理では、支払義務の確定した時点で支出（費用）を認識することになります。

　そうはいっても、取引のすべての記録について、一般概念（単式簿記的な考え方）と複式簿記の支出（費用）の認識時期が異なるということではありません。たとえば、社団法人等が研修会レジュメ印刷費用を運送業者に対して依頼時に支払った場合には、支出（費用）の支払義務の確定した時点が双方同じになります。

　ここで、支出（費用）の認識時期を整理してみると、一般概念は現金や預金（資金）を実際に支出した時点、複式簿記では支払義務の確定した時点という意味合いになります（図表5参照）。

図表5　支出（費用）の認識時期の異同

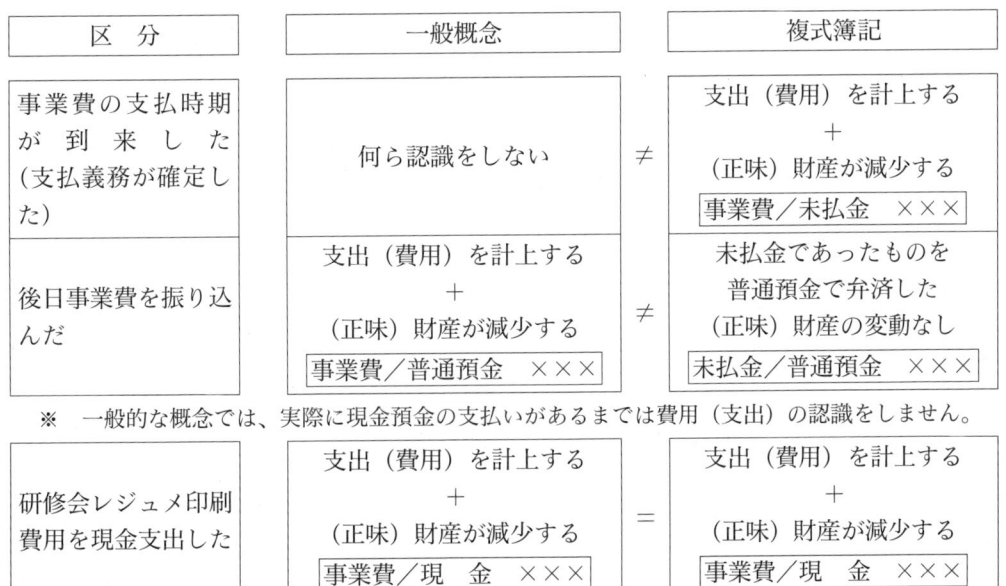

（4） 貸借平均の原理と取引の8要素

① 貸借平均の原理

　取引の記録方法が簿記の象徴たるルールであるとするならば、それをマスターするために最も大きなハードルとなるのが「仕訳」です。この仕訳のシステムを学ぶためには、左側（借方）と右側（貸方）という属性区分を、T字型で勘定分離を行う「貸借平均の原理」（図表6参照）を前提にして、取引は必ず8つに分類されるという考え方があることを、あらかじめ捉えておくとよいでしょう。

　ちなみに、簿記の貸借概念は、銀行のような資金を提供するサイドから発祥したものであるため、簿記を学ぶ際、誰もが一度は勘定分類に違和感を覚えることがあるでしょう。たとえば、簿記の勘定分類は、借りている側（借方）に預金その他の資産、貸している側（貸方）に借入金その他の負債に属性を区分しております。これは、資金提供サイドから見た場合における、預金は借りているから借方、借入金は貸しているから貸方という概念から発生した語源であると説明されています。それゆえ、預け入れる者から見る預金通帳は、借方が引出し、貸方が預入れになっており、学ぶ簿記とは逆になっていることに気が付きます。

図表6　貸借平均の原理

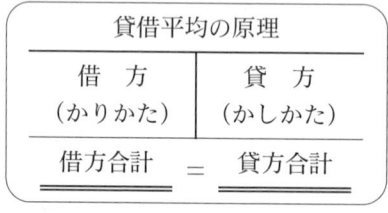

貸借平均の原理	
借　方 （かりかた）	貸　方 （かしかた）
借方合計　＝　貸方合計	

② 取引の8要素のうち借方ベースとなる4分類

㋐ 貸借対照表の「資産」を基礎とした場合：借方資産

　借方に資産が計上された場合には、その資産が増加したことを意味します。資産の増加と組み合わされる取引は4つに分類されるため、貸方には4パターンの事象が想定されることになります（図表7参照）。

4　分　類	取引の例示
㋐　資産の増加／資産の減少	手許の現金を普通預金に預け入れた ⇒普通預金という資産が増加して、現金という資産が減少したという取引
㋑　資産の増加／負債の増加	金融機関から資金調達のため借入れを行い、その資金が普通預金に振り込まれた ⇒普通預金という資産が増加して、借入金という負債が増加したという取引
㋒　資産の増加／一般正味財産の増加 （主に収益の増加）	○○法人からの寄附金が普通預金に振り込まれた ⇒普通預金という資産が増加して、寄附金という収益が増加したという取引
㋓　資産の増加／指定正味財産の増加 （主に収益の増加）	国等から使途が制約されている補助金が普通預金に振り込まれた ⇒普通預金という資産が増加して、補助金という収益が増加したという取引

※　一般正味財産と指定正味財産の区分・内容については後述します。

(イ)　**貸借対照表の「負債」を基礎とした場合：借方負債**

借方に負債が計上された場合には、その負債が減少したことを意味します。負債の減少と組み合わされる取引は4つに分類されるため、貸方には4パターンの事象が想定されることになります（図表7参照）。

4　分　類	取引の例示
㋐　負債の減少／資産の減少	(ア)㋑に係る源泉所得税を現金で支払った ⇒預り金という負債が減少して、現金という資産が減少したという取引
㋑　負債の減少／負債の増加	未払金の弁済のために手形を振り出した ⇒未払金という負債が減少して、支払手形という負債が増加したという取引
㋒　負債の減少／一般正味財産の増加 （主に収益の増加）	○○法人から仮受けていた負担金収入が、手続きが完了したことで、収入として確定した ⇒仮受金という負債が減少して、負担金という収益が増加したという取引
㋓　負債の減少／指定正味財産の増加 （主に収益の増加）	国等から使途が制約されている補助金として仮受けていた金員が特定の事由が発生したことで、収入として確定した ⇒仮受金という負債が減少して、補助金という収益が増加したという取引

※　一般正味財産と指定正味財産の区分・内容については後述します。

㈦ 正味財産増減計算書の「費用」等を基礎とした場合：借方費用又は借方収益

借方に費用が計上された場合には、その費用が増加したことを意味します。また、借方に収益が計上された場合には、その収益が減少したことを意味します。これら費用の増加又は収益の減少は、総括して正味財産の減少として捉えることになります。

この正味財産の減少と組み合わされる取引は4つに分類されるため、貸方には4パターンの事象が想定されることになります（図表7参照）。

4 分 類	取引の例示
㋐ 正味財産の減少／資産の減少 $\begin{pmatrix} 費用の増加 \\ 又は \\ 収益の減少 \end{pmatrix}$	会員向け機関誌の郵送代を現金で支払った ⇒通信運搬費という費用が増加して、現金という資産が減少したという取引 ○○法人へ送付をした出版物が一部不良であったため、出版物の返品を受け、その返金相当額を普通預金から振り込んだ ⇒出版事業の収益が減少して、普通預金という資産が減少したという取引
㋑ 正味財産の減少／負債の増加 $\begin{pmatrix} 費用の増加 \\ 又は \\ 収益の減少 \end{pmatrix}$	会員向けに送付する機関誌が納品された ⇒印刷製本費という費用が増加して、未払金という負債が増加したという取引
㋒ 正味財産の減少／一般正味財産の増加 $\begin{pmatrix} 費用の増加 \\ 又は \\ 収益の減少 \end{pmatrix}$（主に収益の増加）	○○県から交付を受けた補助金を交付目的の事業費財源として活用した ⇒指定正味財産として捉えていた補助金収益が減少して、一般正味財産の補助金収益が増加した（一般正味財産の収益に振り替えられた）という取引
㋓ 正味財産の減少／指定正味財産の増加 $\begin{pmatrix} 費用の増加 \\ 又は \\ 収益の減少 \end{pmatrix}$（主に収益の増加）	理屈上の区分は存するが、基本的に取引事例は想定できない

※ 一般正味財産と指定正味財産の区分・内容については後述します。

図表 7　借方ベースとなる 4 分類16形態の取引

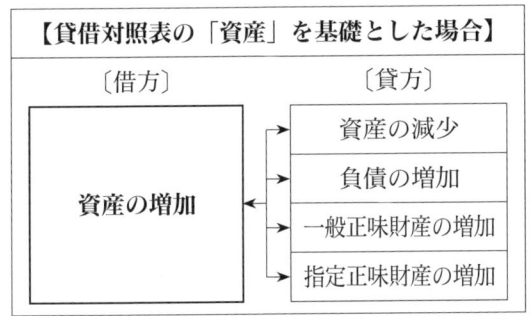
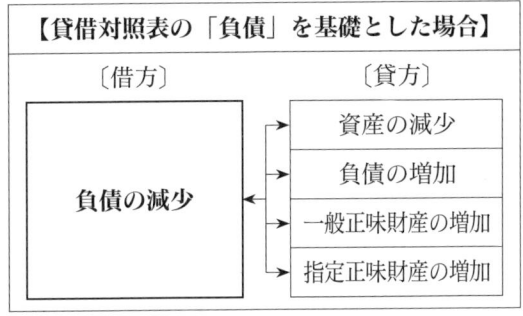
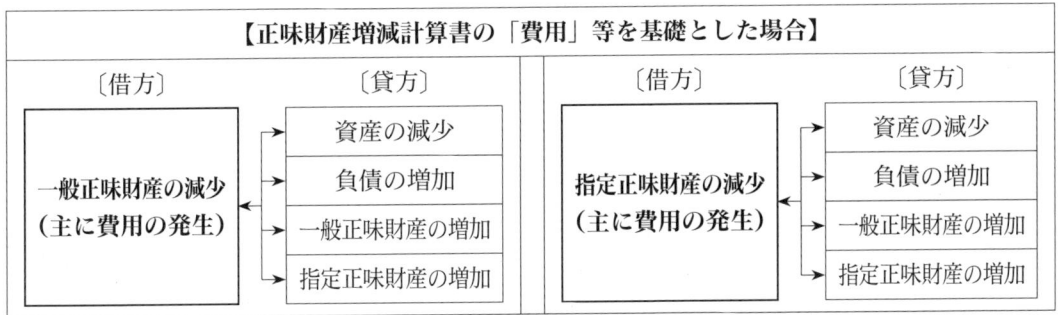

③　取引の 8 要素のうち貸方ベースとなる 4 分類

㋐　貸借対照表の「資産」を基礎とした場合：貸方資産

貸方に資産が計上された場合には、その資産が減少したことを意味します。資産の減少と組み合わされる取引は 4 つに分類されるため、借方には 4 パターンの事象が想定されることになります（図表 8 参照）。

4　分　類	取引の例示
㋐　資産の増加／資産の減少	手許の現金を普通預金に預け入れた ⇒現金という資産が減少して、普通預金という資産が増加したという取引
㋑　負債の減少／資産の減少	②㋐㋑に係る源泉所得税を現金で支払った ⇒現金という資産が減少して、預り金という負債が減少したという取引
㋒　一般正味財産の減少／資産の減少 （主に費用の増加）	会員向け機関誌の郵送代を現金で支払った ⇒現金という資産が減少して、通信運搬費という費用が増加したという取引
㋓　指定正味財産の減少／資産の減少 （主に費用の増加）	理屈上の区分は存するが、基本的に取引事例は想定できない

※　一般正味財産と指定正味財産の区分・内容については後述します。

(イ) 貸借対照表の「負債」を基礎とした場合：貸方負債

貸方に負債が計上された場合には、その負債が増加したことを意味します。負債の増加と組み合わされる取引は4つに分類されるため、借方には4パターンの事象が想定されることになります（図表8参照）。

4 分 類	取引の例示
⑦ 資産の増加／負債の増加	給与に係る源泉所得税を現金で天引きした ⇒預り金という負債が増加して、現金という資産が増加したという取引
④ 負債の減少／負債の増加	未払金の弁済のために手形を振り出した ⇒支払手形という負債が増加して、未払金という負債が減少したという取引
⑦ 一般正味財産の減少／負債の増加 （主に費用の増加）	会員向けに送付する機関誌が納品された ⇒未払金という負債が増加して、印刷製本費という費用が増加したという取引
㊁ 指定正味財産の減少／負債の増加 （主に費用の増加）	理屈上の区分は存するが、基本的に取引事例は想定できない

※ 一般正味財産と指定正味財産の区分・内容については後述します。

(ウ) 正味財産増減計算書の「収益」等を基礎とした場合：貸方費用又は貸方収益

貸方に費用が計上された場合には、その費用が減少したことを意味します。また、貸方に収益が計上された場合には、その収益が増加したことを意味します。これら費用の減少又は収益の増加は、総括して正味財産の増加として捉えることになります。

この正味財産の増加と組み合わされる取引は4つに分類されるため、借方には4パターンの事象が想定されることになります（図表8参照）。

第Ⅰ章　公益法人に必要な簿記の基礎知識

4　分　類	取引の例示
㋐　資産の増加／正味財産の増加 　　　　　　　　　　（収益の増加 　　　　　　　　　　　又は 　　　　　　　　　　費用の減少）	○○法人からの寄附金が普通預金に振り込まれた 　⇒寄附金という収益が増加して、普通預金という資産が増加したという取引
	○○法人へ依頼をした印刷物が一部不良であったため、印刷製本費の返金を受け、普通預金に振り込まれた 　⇒印刷製本費という費用が減少して、普通預金という資産が増加したという取引
㋑　負債の減少／正味財産の増加 　　　　　　　　　　（収益の増加 　　　　　　　　　　　又は 　　　　　　　　　　費用の減少）	○○法人から仮受けていた負担金収入が、手続きが完了したことで、収入として確定した 　⇒負担金という収益が増加して、仮受金という負債が減少したという取引
㋒　一般正味財産の減少／正味財産の増加 　（主に費用の増加）（収益の増加 　　　　　　　　　　　又は 　　　　　　　　　　費用の減少）	未払金の支払のため振り込んだ際に要した振込手数料を相手方が負担した 　⇒手数料という費用が増加して、雑収益という収益が増加したという取引
㋓　指定正味財産の減少／正味財産の増加 　（主に費用の増加）（収益の増加 　　　　　　　　　　　又は 　　　　　　　　　　費用の減少）	○○県から交付を受けた補助金を交付目的の事業費財源として活用した 　⇒一般正味財産の補助金収益が増加して、指定正味財産として捉えていた補助金収益が減少した（一般正味財産の収益に振り替えられた）という取引

※　一般正味財産と指定正味財産の区分・内容については後述します。

11

図表8　貸方ベースとなる4分類16形態の取引

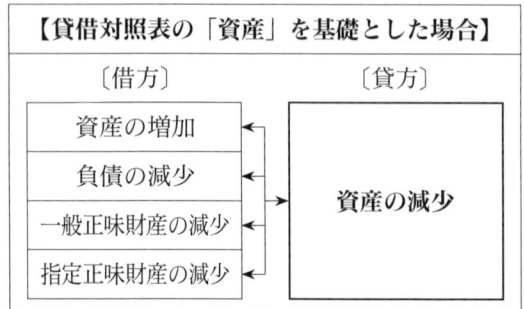
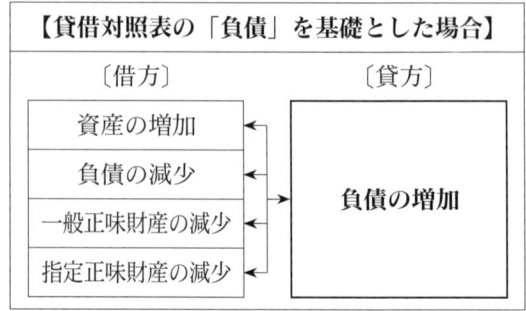
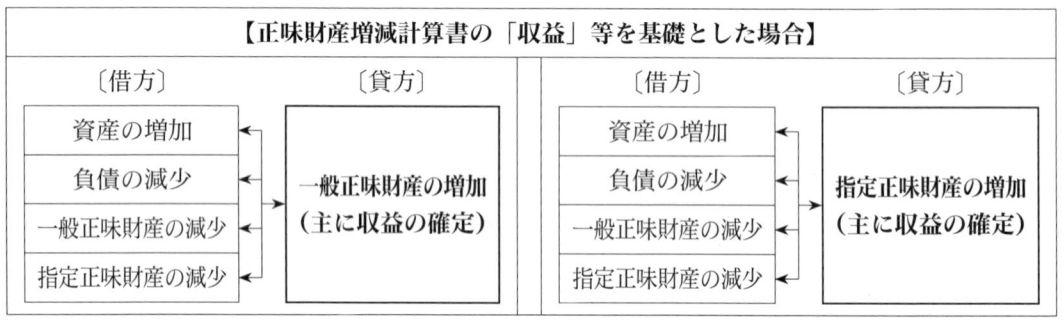

第Ⅱ章　取引の記録と伝票、帳簿及び試算表の作成

（1）　資産・負債・正味財産・収益・費用による勘定科目の設定

①　財務諸表と勘定科目の分類

　取引の記録方法が「仕訳」という簿記の象徴たる手法によることは、先に触れたとおりです。簿記をマスターするためには、仕訳の構造を理解するとともに、仕訳に利用する勘定科目を的確に選定することが、眼前に立ちはだかるハードルとなります。

　勘定科目は、財務諸表である貸借対照表及び正味財産増減計算書の構成内容に応じて、大分類（大科目）及び中分類（中科目）に区分けされ、さらに必要に応じて、小分類（小科目）や補助分類（補助科目）に分けることができます。

　たとえば、普通預金をあげてみますと、貸借対照表の資産に属し、流動資産（大科目）に分類され、現金預金（中科目）の中で包含されます。さらに、口座ごとに管理する必要があるため、「○○銀行普通預金」として小科目を設け、又は補助的に区分管理することになります（図表9参照）。なお、小科目は財務諸表における開示項目となりますが、補助科目は内部管理用に分類するものです。

　勘定科目をマスターするという意味は、その属性分類を理解することと、そこに管理され

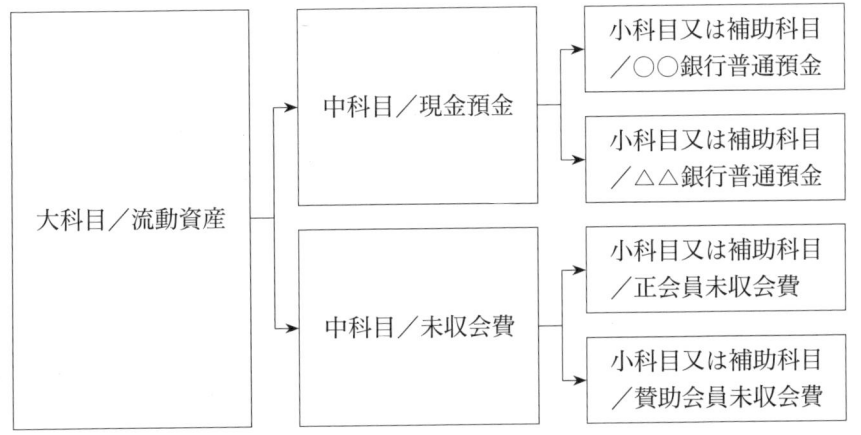

図表9　勘定科目の分類イメージ

図表10　主要な勘定科目の属性分類リスト

区分		大　科　目	中　科　目	
貸借対照表	資産	流動資産	現金預金	現金、普通預金その他預金
			未収会費	未だ収受していない会費
			有価証券	国債、株式、証券投資信託
		固定資産／基本財産	定期預金	基本財産の定期預金化
		固定資産／特定資産	退職給付引当資産	退職金支給に備えた資産
			減価償却引当資産	償却資産投資に備えた資産
		固定資産／その他固定資産	什器備品	パソコン、机、椅子その他
			保証金	資産の賃借に伴う一時金で将来返還されるものその他
			投資有価証券	国債、株式で長期保有のもの
	負債	流動負債	未払金	未だ支払っていない債務
			前受金	期日前に収受した収入
			預り金	源泉所得税その他
		固定負債	長期借入金	返済期間1年超の借入金
			退職給付引当金	職員等の退職給付債務
	正味財産	指定正味財産	国庫補助金	利用や管理を制約されている補助金、寄付金その他収入財源に係る剰余金繰越残高
			民間補助金	
			寄付金	
		一般正味財産	一般正味財産	上記以外の剰余金繰越残高
正味財産増減計算書	収益	経常収益／基本財産運用益	基本財産受取利息	基本財産から生じた利息
		経常収益／受取会費	正会員受取会費	正会員から収受した会費
		経常外収益／基本財産評価益	基本財産評価益	基本財産の含み益
		経常外収益／固定資産売却益	建物売却益	建物売却に伴う差益
	費用	経常費用／事業費	給料手当	職員等の給与で事業費対応
			退職給付費用	職員等の退職給付引当債務
			減価償却費	減価償却資産の費用配分額
		経常費用／管理費	給料手当	職員等の給与で管理費対応
			退職給付費用	職員等の退職給付引当債務
			減価償却費	減価償却資産の費用配分額
		経常外費用／基本財産評価損	基本財産評価損	基本財産の含み損
		経常外費用／固定資産売却損	建物売却損	建物売却に伴う差損

※　上記勘定科目はポピュラーなものを紹介しただけです。

る取引を想定できること、つまり、○○という取引は△△という勘定科目で処理をすると、反射的に判断ができるようになることです。これには、勘定科目の意味合いを単に暗記をするという作業ではなく、日常的に発生する取引について、その都度処理をしながら整理・理解をしてゆくことをお勧めします。

なお、この章では主要な勘定科目を掲載しておきます（図表10参照）が、後の章でも公益法人会計基準上の詳細な勘定科目を取り上げます。しかしながら、勘定科目は、利害関係者が的確な会計判断をするために、適宜オリジナルの名称を付すことも許容されています。そのため、公益法人会計基準上だけに捉われる必要はなく、より取引内容をアピールすることができる名称を使用することが可能であるということを覚えておいてください。

② 財務諸表と科目分類との関係

勘定科目が財務諸表である貸借対照表及び正味財産増減計算書の構成内容に応じて分類されることは、先に述べたとおりです。ここで、両財務諸表の構成内容について、あらためて確認をしておきたいと思います。

貸借対照表の内容は、借方の属性として「資産」、貸方の属性として「負債」「正味財産」で構成されています。また、正味財産増減計算書の内容は、借方の属性として「費用」、貸方の属性として「収益」で構成されています（図表11参照）。

財務諸表の構成を捉え、その後細分化した分類上の到達点に勘定科目があります。そのため、財務諸表の構成内容と借方又は貸方の属性を把握することが、勘定科目を理解する上の出発点となるわけです。

図表11　財務諸表の構成

貸借対照表		正味財産増減計算書	
資　産	負　債	費　用	収　益
	正味財産		

③ 仕訳のシステムと科目分類との関係

㈠ 貸借対照表の構成

貸借対照表は、資産、負債及び正味財産で構成されています。そして、仕訳をマスターす

るためには、まず資産の属性が借方、負債及び正味財産の属性が貸方であるという意味合いを理解する必要があります。

属性を明らかにする趣旨は、その属性の場所に数値が発生した場合にプラス（＋）の要因となり、本来の属性とは逆の場所に数値が発生した場合にマイナス（－）の要因となることに派生します（図表12参照）。

図表12　貸借対照表の構成

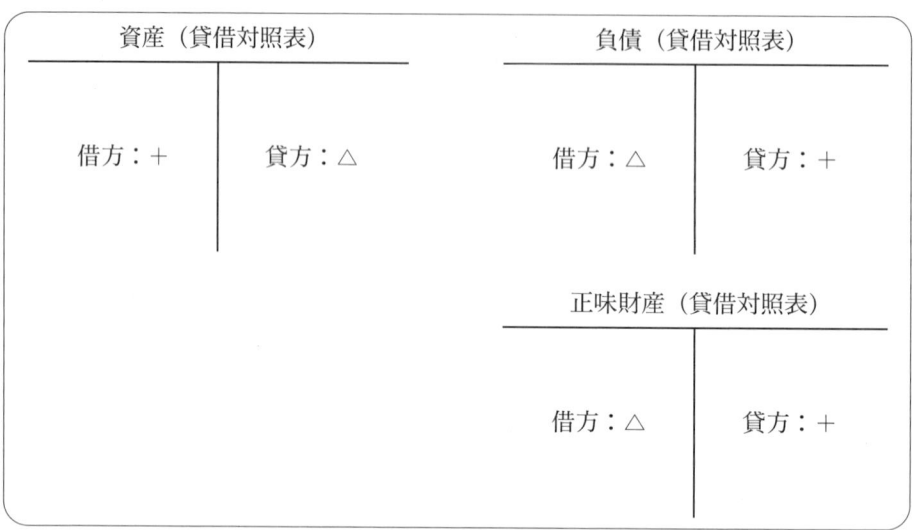

たとえば、現金預金は資産の属性に分類されるため、借方に金額が発生した場合には現金預金が増加したことを意味し、貸方に金額が発生した場合には現金預金が減少したことを意味します。つまり、会費を現金で収受したならば、借方に現金が認識され、現金が増加したことを意味します。また、会費を現金で支払ったならば、貸方に現金が認識され、現金が減少したことを捉えることができるわけです。

では、これを負債の属性で同様に考えて見ましょう。たとえば、未払金は負債の属性に分類されるため、貸方に金額が発生した場合には未払金が増加したことを意味し、借方に金額が発生した場合には未払金が減少したことを意味します。上述の資産の属性とは反対になるわけです。つまり、会費の請求を受けていながら、まだ支払いをしていないならば、貸方に未払金が認識され、未払金が増加したことを意味します。また、会費の請求に対して決済を行ったならば（支払ったならば）、借方に未払金が認識され、未払金が減少したことを捉えることができるわけです。

第II章　取引の記録と伝票、帳簿及び試算表の作成

(イ)　正味財産増減計算書の構成

　正味財産増減計算書は、収益と費用で構成されています。そして、仕訳をマスターするためには、まず収益の属性が貸方、費用の属性が借方であるという意味合いを理解する必要があります。

　属性を明らかにする趣旨は、その属性の場所に数値が発生した場合にプラス（＋）の要因となり、本来の属性とは逆の場所に数値が発生した場合にマイナス（－）の要因となることに派生します（図表13参照）。

図表13　正味財産増減計算書の構成

費用（正味財産増減計算書）		収益（正味財産増減計算書）	
借方：＋	貸方：△	借方：△	貸方：＋

　たとえば、受取会費は収益の属性に分類されるため、貸方に金額が発生した場合には受取会費が増加したことを意味し、借方に金額が発生した場合には受取会費が減少したことを意味します。つまり、会費を収受したならば、貸方に受取会費が認識され、受取会費が増加したことを意味します。また、収受した会費を返金したならば、借方に受取会費が認識され、受取会費が減少したことを捉えることができるわけです。

　では、これを費用の属性で同様に考えて見ましょう。たとえば、諸会費は費用の属性に分類されるため、借方に金額が発生した場合には諸会費が増加したことを意味し、貸方に金額が発生した場合には諸会費が減少したことを意味します。上述の収益の属性とは反対になるわけです。つまり、会費を支払ったならば、借方に諸会費が認識され、諸会費が増加したことを意味します。また、会費の返金を受けたならば、貸方に諸会費が認識され、諸会費が減少したことを捉えることができるわけです。

（2） 仕訳の意味と勘定科目との関係

　これまでは、勘定科目と財務諸表の連携、勘定科目の属性について説明してきました。これらは、すべて仕訳の構造を理解するために必要な基本的知識となります。

　この章では、具体的な仕訳の意味を説明します。仕訳とは何かと問われたならば、取引内容を表現するために、決められたルールに基づいて簡便的に記録する手法と回答します。この回答はやや抽象的であり、解りにくいかもしれません。もう少し詳細を説明します。一会計期間内の取引は多岐にわたるため、それを一つ一つ文章で記録をしていくと膨大な量になるばかりではなく、利害関係者の判断を誤らせ、会計の根本的な目的である適正な会計情報の開示に反することになってしまいます。そこで、画一的なルールの下に取引の記録方法を取り決め、膨大な会計情報を凝縮してアピールするために必要な簡便的手法が仕訳なのです。

　仕訳の記録は、伝票又は仕訳帳で表現します。フォームのサンプルは後掲しますが、定型のものはありません。記載事項の共通した点は、取引の生じた日付の記入欄、借方及び貸方の勘定科目と金額の記入欄、取引の内容を記載する摘要欄が設けられていることです。

　それでは、具体的な仕訳例を用いて、取引の記録の読み取り方を説明しましょう（図表14参照）。仕訳の読み取り方に記載されている取引の内容は、仕訳に置き換えると、ほんの一行で表現されてしまいます。これが仕訳の役割と言い換えることができます。

図表14　仕訳例：仕訳の形式と仕訳の読み取り方

借　方	貸　方	金　額	摘　要
勘定科目	勘定科目	×××	×××
仕訳例：仕訳の形式			
福利厚生費	現金預金	2,000	社会保険料
退職給付費用	退職給付引当金	3,000	退職給付引当金設定

仕訳例：仕訳の読み取り方			
福利厚生費	現金預金	2,000	社会保険料

① 福利厚生費とは、職員に対する社会保険料の法人負担額、慰安のために要した費用が発生したときに使用する勘定科目です。
② 福利厚生費（正味財産増減計算書の費用）が借方にきているということは、費用の増加を意味します。
③ 現金預金（貸借対照表の資産）が貸方に計上されていますので、資産の減少を意味します。
④ 福利厚生費を支払うために現金預金（貸借対照表の資産）を2,000円使ったため、資産が2,000円減少（貸借対照表に影響）して、費用が2,000円増加（正味財産増減計算書に影響）しました。

退職給付費用	退職給付引当金	3,000	退職給付引当金設定

① 退職給付引当金とは、職員が将来退職したときに支給する退職金に備えるため、あらかじめ在籍期間中潜在的に発生している退職給付債務（負債）を貸借対照表上、表面化させるために使用する勘定科目です。
② 退職給付費用（正味財産増減計算書の費用）が借方にきているということは、費用の増加を意味します。
③ 退職給付引当金（貸借対照表）が貸方に計上されていますので、負債の増加を意味します。
④ 退職給付引当金を3,000円繰り入れたために負債が3,000円増加（貸借対照表に影響）して、同時に費用が3,000円増加（正味財産増減計算書に影響）しました。しかし、実際に退職金の支払いを行っているわけではありませんので、現金預金の増減には一切関係ありません。

(3) 勘定科目の増減と当期正味財産増減額との関係

　財務諸表である貸借対照表と正味財産増減計算書は、それぞれ異なる目的の下に作成される書類です。貸借対照表は決算日における財政状態を表現し、正味財産増減計算書は一会計期間における事業運営状況を開示します。

　それぞれの財務諸表は、全く異なる構成内容ではありますが、最終結果は同じものが算出される構造になっております。それは、正味財産の増減額であり、企業会計にたとえるならば当期純損益です。貸借対照表は、前期末と当期末との差額から導かれる資産又は負債の増減状況から、当期正味財産の増減額を誘導計算します。それに対して、正味財産増減計算書は、一会計期間における収益と費用との差額から、当期正味財産の増減額を誘導計算します。言い換えるならば、両書類における当期正味財産増減額の算出方法の違いは、純財産の増減から導く方法と、損益概念から導く方法ということになります（図表15参照）。

図表15　貸借対照表と正味財産増減計算書との関係

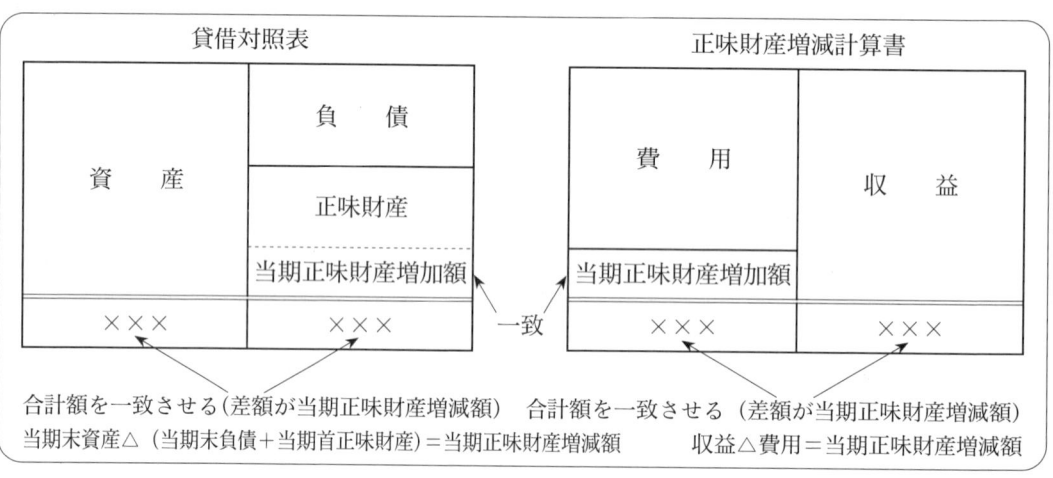

科目分類	借　方	貸　方	正味財産への影響
資　産	増加		増加する
		減少	減少する
負　債	減少		増加する
		増加	減少する
収　益	減少		減少する
		増加	増加する
費　用	増加		減少する
		減少	増加する

（4） 取引の起票と仕訳の法則に基づく勘定口座への記入の手順

　このセクションでは、取引を記録するプロセスを、実際の流れを用いて取り上げます。

　取引が発生すると、その取引の内容を伝票に起票します。伝票は、入金伝票、出金伝票及び振替伝票の三形態に分類されるのが一般的です。入金伝票と出金伝票は、原則として現金の入出金がかかわる取引に専用に利用される伝票です。また、振替伝票は、入金伝票及び出金伝票以外の取引を記録するときに利用されるものです。伝票の目的は、当然取引を仕訳に置き換えて記録しておくことですが、作成者と確認者又は承認者の確認印を押印して、牽制をかけておくことに、一番の狙いがあります。特に現金の入出金は、第三者の証明する証憑書類が存しないため、法人内部の複数の者の目に触れていることが、牽制の観点から要請されているわけです（図表17、図表18参照）。

　伝票を起票すると、仕訳だけを集めたリストを作成します。これが公益法人会計基準の主要簿に上げられている仕訳帳です。仕訳帳は、日付の順に発生した取引に係る仕訳を記載しているので、どのような取引があったかを一覧するための帳簿として根幹を成すものです。

　しかしながら、仕訳帳は、取引を確認する際には重宝しますが、その取引明細の金額的な集計や、勘定の流れ、たとえば、現金はどのような入金があって、どのような出金があり、現時点でいくらあるのか……というような要求には対応できません。それに応えているのが、公益法人会計基準の主要簿である総勘定元帳です。

　伝票を起票した後、帳簿記録を行うためには、伝票の情報を仕訳帳と総勘定元帳に転記（必要な情報を移し変える）することになります。その際、転記誤りがありますと、真正な財務諸表の作成を阻害することになります。そこで、定期的（1ヶ月単位がベスト）に試算表を作成して、取引の記録状況を検算します。試算表は、検算能力を持つ書類といえます。しかし、近年では、試算表をその時点における、事業運営状況の途中経過の確認書類として活用する比重が高まっています。活用方法の拡大傾向から勘案しても、定期的な作成の必要性が感じられるところです。

　この一連の流れを、毎月々繰り返し、12ヶ月の集大成として、財務諸表が作成されるものであると覚えておいてください（図表16参照）。

図表16　取引の発生から試算表の作成まで

① 入金伝票

入金伝票は、現金の入金取引が生じた場合に、専用に使用する伝票です。それゆえ、伝票の記載項目の特徴として、相手勘定科目の記載欄のみ、すなわち勘定科目の記載箇所は一となっています。要するに、借方は必ず「現金」なので、貸方の勘定科目の記載だけを求めています。

図表17-1　入金伝票の記載例
平成○年度年次大会実行委員である当財団に、会員である財団法人○○○協会から負担金（収益＝受取負担金）100,000円の現金入金があった。

日　付	○年　6月　25日	理　事	事務局長	担　当
入　金　伝　票		印	印	印
		勘定科目	受取負担金	
		入金先	財団法人○○○協会	
摘　　要		金　　額		
平成○年度負担金　年次大会実行委員			100	000
合　　計			100	000

② 出金伝票

出金伝票は、現金の出金取引が生じた場合に、専用に使用する伝票です。それゆえ、伝票の記載項目の特徴として、相手勘定科目の記載欄のみ、すなわち勘定科目の記載箇所は一となっています。要するに、貸方は必ず「現金」なので、借方の勘定科目の記載だけを求めています。

図表17-2　出金伝票の記載例

株式会社○○○急便から平成○年6月分の運送代金（費用＝通信運搬費）52,500円の集金があったため、現金で支払いを行った。

日　付	○年　6月　25日	理　事	事務局長	担　当
出　金　伝　票		㊞	㊞	㊞
		勘定科目	通信運搬費	
		出金先	株式会社○○○急便	
摘　　要		金　　額		
6月分運送代金		52	500	
合　　計		52	500	

③　振替伝票

振替伝票は、入金伝票又は出金伝票で表現しきれない取引を記録するために使用する伝票です。

振替伝票に表現する仕訳は、単一仕訳と複合仕訳に区分されます。単一仕訳とは、取引の相手勘定科目が、貸借それぞれ一の場合における取引仕訳をいいます。それに対して複合仕訳とは、取引の相手勘定科目が、貸借いずれかが複数の場合における取引仕訳をいいます。

さらに複合仕訳には、「諸口」という勘定科目を使用する仕訳の作成パターンと、使用しない作成パターンとがあります。ここでいう諸口とは、貸借いずれかが複数の種類の勘定科目が発生している場合に、その複数の勘定科目を総括するときに用いるものです。

手作業の記帳作業の流れが多い経理担当者の方は、比較的諸口を使用しないケースが見受けられます。また、会計実務がパソコン等を活用する自計化後に経理をご担当される方は、諸口を使用する傾向にあります。どちらが優れているかという優劣のテーマではなく、諸口を使う場合と使わない場合の長短をどのように受け止めるかが、選択の決め手になると思います。

諸口を使うと取引金額の総額を捉えることができますが、相手勘定科目が諸口となっているため、総勘定元帳上では取引の全体を類推することができず、取引の把握手段は伝票又は

仕訳帳に依存することになります。また、諸口を使わないパターンは、使う場合の全く逆になります。メリットは総勘定元帳上相手勘定科目が確認できること、デメリットは取引金額の総額を捉えることができないことです。

図表18　振替伝票の記載例
〔振替伝票例：単一仕訳〕
　6月分の正会員会費収入（収益＝受取会費）3,000,000円が普通預金口座に振り込まれた。

日　付	○年　6月　25日	理　事	事務局長	担　当
	振　替　伝　票	㊞	㊞	㊞

金　額			科目	摘　　要	科目	金　額		
3	000	000	普通預金	6月分正会員会費	受取会費	3	000	000
3	000	000		合　　計		3	000	000

〔振替伝票例：諸口を利用する複合仕訳〕
　6月分の職員に対する給与の支給を行った。総支給額（費用＝給与手当）は1,600,000円である。当該金額から、源泉所得税の合計100,000円、住民税特別徴収60,000円及び社会保険料50,000円を控除（負債＝預り金）した差引支給額1,390,000円を普通預金（資産＝普通預金）から振込送金をしている。

日　付	○年　6月　25日	理　事	事務局長	担　当
	振　替　伝　票	㊞	㊞	㊞

金　額			科目	摘　　要	科目	金　額		
1	600	000	給料手当	6月分職員給与	諸　口	1	600	000
	100	000	諸　口	6月分職員給与源泉所得税	預り金		100	000
	60	000	諸　口	6月分職員給与特別徴収額	預り金		60	000
	50	000	諸　口	6月分職員給与社会保険料	預り金		50	000
1	390	000	諸　口	6月分職員給与差引支給額	普通預金	1	390	000
3	200	000		合　　計		3	200	000

[振替伝票例:諸口を利用しない複合仕訳]

6月分の職員に対する給与の支給を行った。総支給額(費用=給与手当)は1,600,000円である。当該金額から、源泉所得税の合計100,000円、住民税特別徴収60,000円及び社会保険料50,000円を控除(負債=預り金)した差引支給額1,390,000円を普通預金(資産=普通預金)から振込送金をしている。

日　付	○年　6月　25日		理　事	事務局長	担　当
振　替　伝　票			㊞	㊞	㊞

金　額	科目	摘　　要	科目	金　額
100,000	給料手当	6月分職員給与源泉所得税	預り金	100,000
60,000	給料手当	6月分職員給与特別徴収額	預り金	60,000
50,000	給料手当	6月分職員給与社会保険料	預り金	50,000
1,390,000	給料手当	6月分職員給与差引支給額	普通預金	1,390,000
1,600,000		合　　計		1,600,000

(5) 仕訳帳の記入から総勘定元帳への転記

　取引の伝票記帳が済みますと、会計帳簿の作成のための転記作業を行います。ここでは、主要簿である仕訳帳と総勘定元帳の記帳について、触れたいと思います。

　両帳簿の様式は画一的なものはなく、必要な情報が網羅されていれば、それで足ります。

　仕訳帳であれば、①取引の日付、②借方と貸方の勘定科目、③借方と貸方の取引金額、④取引の要旨の記載箇所があれば問題ありません。つまり、仕訳帳は伝票に記帳した内容をすべて書き写し、一覧性を持たせることを目的としていますので、記録すべき情報は一致するわけです。図表19では、上述（4）に掲げた入金伝票、出金伝票及び振替伝票の仕訳帳記載例（転記例）を掲げましたので、記帳作業をイメージしてみてください。

図表19　仕訳帳の記載例

仕 訳 帳

日	付	勘定科目	摘　要	借　方	貸　方
6	25	現　金／受取負担金	平成○年度負担金	100,000	100,000
6	25	通信運搬費／現　金	6月分運送代金	52,500	52,500
6	25	普通預金／受取会費	6月分正会員会費	3,000,000	3,000,000
6	25	給料手当／	6月分職員給与	1,600,000	
		預　り　金	源泉所得税		100,000
		預　り　金	特別徴収額		60,000
		預　り　金	社会保険料		50,000
		普 通 預 金	差引支給額		1,390,000

　総勘定元帳は、勘定科目ごとの取引金額の発生状況を記録することになるため、①取引の日付、②相手勘定科目、③借方と貸方の取引金額発生の別、④取引の要旨の記載箇所があれば、適宜のフォームでその目的を充足します。また、総勘定元帳記帳のための情報は仕訳帳そのものであり、単なる勘定科目ごとの転記集計作業となりますので、難しいことはありません。

　総勘定元帳は、各勘定科目の発生を集計の基礎とするために、帳簿の表記はそれぞれの勘定科目としています。つまり、作成作業は、仕訳帳で発生した勘定科目を、すべて総勘定元帳の表記に合わせて、借方・貸方の別に発生金額を転記するというものです。それでは、図表20において、図表19の仕訳帳を総勘定元帳に記載した状況（転記例）を掲げましたので、記帳作業をイメージしてみてください。

図表20　総勘定元帳の記載例

<u>現　　　　金</u>

日	付	相手科目	摘　要	借　方	貸　方	残　高
6	25	受 取 負 担 金	平成○年度負担金	100,000		100,000
6	25	通 信 運 搬 費	6月分運送代金		52,500	47,500

<u>受 取 負 担 金</u>

日	付	相手科目	摘　要	借　方	貸　方	残　高
6	25	現　　　　金	平成○年度負担金		100,000	100,000

<u>通 信 運 搬 費</u>

日	付	相手科目	摘　要	借　方	貸　方	残　高
6	25	現　　　　金	6月分運送代金	52,500		52,500

<u>普 通 預 金</u>

日	付	相手科目	摘　要	借　方	貸　方	残　高
6	25	受 取 会 費	6月分正会員会費	3,000,000		3,000,000
		諸　　　　口	6月分職員給与支給		1,390,000	1,610,000

<u>受 取 会 費</u>

日	付	相手科目	摘　要	借　方	貸　方	残　高
6	25	普 通 預 金	6月分正会員会費		3,000,000	3,000,000

<u>給 料 手 当</u>

日	付	相手科目	摘　要	借　方	貸　方	残　高
6	25	諸　　　　口	6月分職員給与	1,600,000		1,600,000

<u>預　り　金</u>

日	付	相手科目	摘　要	借　方	貸　方	残　高
6	25	諸　　　　口	6月分源泉所得税		100,000	100,000
		諸　　　　口	6月分特別徴収額		60,000	160,000
		諸　　　　口	6月分社会保険料		50,000	210,000

（6） 試算表の作成による記帳・計算の検証

　試算表の様式は、これまでの帳簿等と同様に画一的なものではなく、その役割を果たすための能力を持つことが重視されます。

　試算表の機能は、伝票による取引の記録、その後の記帳作業の検証をする役割を持ちます。その意味においては、図表21のフォームが貸借の不一致の問題提起となります。

　しかしながら、近年では、試算表の作成意義を、その時点における財務内容と事業の運営状況を把握する手段（途中経過）として活用されています。つまり、貸借対照表と正味財産増減計算書は、アプローチは異なるにしても、最終目的数値である正味財産の増減額は一致しなければならず、その検算を兼ねるという意味で、図表22のようなフォームを採用しているケースが多くなっています。

図表21　合計残高試算表フォーム No.1

合計残高試算表
平成○年6月30日現在

借方		科目	貸方	
残高	合計		合計	残高
47,500	100,000	現　　　　　金	52,500	
1,610,000	3,000,000	普　通　預　金	1,390,000	
		預　　り　　金	210,000	210,000
		受　取　会　費	3,000,000	3,000,000
		受　取　負　担　金	100,000	100,000
1,600,000	1,600,000	給　料　手　当		
52,500	52,500	通　信　運　搬　費		
3,310,000	4,752,500	合　　　　　計	4,752,500	3,310,000

※　総勘定元帳の各勘定科目の借方合計と貸方合計をそれぞれの欄に転記して、借方又は貸方の残高に応じて残高欄の記載を行います。なお、勘定科目の配列は、貸借対照表の資産→負債に次いで、正味財産増減計算書の収益→費用の順に記載するのが一般的です。試算表の作成によって、借方と貸方の残高欄及び合計欄は、一致していることが確認できます。

※　便宜上、図表20　総勘定元帳の残高のみの取引として転記をすることとします。

図表22　合計残高試算表フォーム No.2

説明の便宜上、6月前のデータ（前月残高欄）をゼロとしています。この試算表のフォームは、貸借対照表と正味財産増減計算書に分けているため、財務諸表のフォームに近似していることから、最終的な財務諸表の理解に寄与することになります。

合計残高試算表

貸借対照表
平成○年6月30日現在

科　　目	前月残高	借　方	貸　方	当月残高
現　　　　金	0	100,000	52,500	47,500
普　通　預　金	0	3,000,000	1,390,000	1,610,000
預　り　金	0	0	210,000	210,000
正　味　財　産	0	0	1,447,500	1,447,500

※　総勘定元帳の資産と負債を転記し、借方属性である資産の合計（47,500円＋1,610,000円＝1,657,500円）と貸方属性である負債の合計（210,000円）との差額（1,657,500円－210,000円＝1,447,500円）を正味財産という列欄を設けて記載します。正味財産は貸方属性であるため、貸方欄の金額は正味財産の増加を意味し、借方欄の残高であれば正味財産の減少を意味することになります。

なお、正味財産の差し引き誘導計算された金額は、正味財産増減計算書の作成によって、その金額の一致を確認するまでは検証ができていない状態です。

正味財産増減計算書
自平成○年6月1日
至平成○年6月30日

科　　目	前月残高	借　方	貸　方	当月残高
受　取　会　費	0		3,000,000	3,000,000
受　取　負　担　金	0		100,000	100,000
給　料　手　当	0	1,600,000		1,600,000
通　信　運　搬　費	0	52,500		52,500
正　味　財　産	0	0	1,447,500	1,447,500

※　総勘定元帳の収益と費用を転記し、貸方属性である収益の合計（3,000,000円＋100,000円＝3,100,000円）と借方属性である費用の合計（1,600,000円＋52,500円＝1,652,500円）との差額（3,100,000円－1,652,500円＝1,447,500円）を正味財産という列欄を設けて記載します。貸借対照表と正味財産増減計算書の正味財産増加額が一致していることが確認できます。

第Ⅲ章　新公益法人会計基準の概要と移行準備手続き

（1）　新公益法人会計基準の概要

　公益法人会計基準は、昭和52年3月4日に公益法人監督事務連絡協議会の申し合わせとして設定されたものを起源とします。その後、昭和60年9月17日の公益法人指導監督連絡会議決定により改正が行われました。これまで本書で「従前」と呼んでいた公益法人会計基準は、この改正後の会計基準を指しています。

　公益法人会計基準は、昭和60年の改正から相当の期間が経過し、社会経済の環境の変化に対応する必要が生じました。そこで、平成16年10月14日公益法人等の指導監督等に関する関係省庁連絡会議申し合わせにより、公益法人会計基準が大改革されるに至りました（新公益法人会計基準）。なお、新公益法人会計基準は、平成18年4月1日以後開始する事業年度から速やかに実施することになっております。

　公益法人会計基準の改正点には、次に掲げるような特徴があります。
　① 　収支予算書及び収支計算書を会計基準の範囲外（内部管理事項）とする
　② 　大規模法人については「キャッシュフロー計算書」を作成する
　③ 　貸借対照表の正味財産の部を「指定正味財産」と「一般正味財産」に区分する
　④ 　正味財産増減計算書をフロー式に統一する
　⑤ 　財務諸表に対する注記事項を拡大する

　従前の公益法人会計基準と新公益法人会計基準を比較整理してみますと、図表23のようになります。

　新公益法人会計基準は、主務官庁における「公益法人の設立許可及び指導監督基準（平成8年9月20日閣議決定）」の公益法人に対する会計処理の指導規範となるものです。これにより、新公益法人会計基準への移行は、公益法人にとって必須なものといえますので、早期の移行とその後の経理処理の安定が求められています。

図表23　公益法人会計基準の比較

区　分	従前の公益法人会計基準	**新公益法人会計基準** 公益法人会計における内部管理等について
収支予算書	内部管理書類	内部管理書類
収支計算書	計算書類含む	内部管理書類
会　計　帳　簿	〔主要簿〕 ① 仕訳帳 ② 総勘定元帳 〔補助簿〕 ① 現金出納帳 ② 預金出納帳 ③ 収支予算の管理に必要な帳簿 ④ 固定資産台帳 ⑤ 基本財産明細帳 ⑥ 会費明細帳	〔主要簿〕 ① 仕訳帳 ② 総勘定元帳 〔補助簿〕 ① 現金出納帳 ② 預金出納帳 ③ 収支予算の管理に必要な帳簿 ④ 固定資産台帳 ⑤ 基本財産明細帳 ⑥ 会費明細帳 ⑦ 指定正味財産明細帳
計　算　書　類 ↓ 財　務　諸　表	〔計算書類〕 ① 収支計算書 ② 正味財産増減計算書（ストック又はフロー） ③ 貸借対照表 ④ 財産目録	〔財務諸表〕 ① 正味財産増減計算書（フロー） ② 貸借対照表 ③ 財産目録 ④ キャッシュフロー計算書 （大規模法人に限る）
計算書類又は財務諸表の注記	〔計算書類の注記〕 ① 資産評価の方法、固定資産の減価償却、引当金の計上基準、資金の範囲等計算書類の作成に関する重要な会計方針 ② 重要な会計方針を変更したときは、その旨及び当該変更による影響額 ③ 基本財産の増減額及びその残高	〔財務諸表の注記〕 ① 資産の評価基準及び評価方法、固定資産の減価償却方法、引当金の計上基準等財務諸表の作成に関する重要な会計方針 ② 重要な会計方針を変更したときは、その旨、変更の理由及び当該変更による影響額 ③ 基本財産及び特定資産の増減額及びその残高 ④ 基本財産及び特定資産の財源等の内訳

区　分	従前の公益法人会計基準	新公益法人会計基準 公益法人会計における内部管理等について
計算書類又は財務諸表の注記	④　担保に供している資産 ⑤　次期繰越収支差額の内容 ⑥　固定資産について直接法によって減価償却を行っている場合には、当該資産の取得価額、減価償却累計額及び当期末残高 ⑦　保証債務（債務の保証を主たる目的事業とする法人の場合を除く。） ⑧　正味財産増減計算書を省略する場合又は正味財産増減計算書の作成に当たり、フロー式を用いる場合にあっては、資産及び負債の重要な科目別増加額及び減少額 ⑨　その他公益法人の収支及び財産の状況を明らかにするために必要な事項	⑤　担保に供している資産 ⑥　固定資産について減価償却累計額を直接控除した残額のみを記載した場合には、当該資産の取得価額、減価償却累計額及び当期末残高 ⑦　債権について貸倒引当金を直接控除した残額のみを記載した場合には、当該債権の債権金額、貸倒引当金の当期末残高及び当該債権の当期末残高 ⑧　保証債務（債務の保証を主たる目的事業とする公益法人の場合を除く。）等の偶発債務 ⑨　満期保有目的の債券の内訳並びに帳簿価額、時価及び評価損益 ⑩　補助金等の内訳並びに交付者、当期の増減額及び残高 ⑪　指定正味財産から一般正味財産への振替額の内訳 ⑫　関連当事者との取引の内容 ⑬　重要な後発事象 ⑭　その他公益法人の資産、負債及び正味財産の状態並びに正味財産増減の状況を明らかにするために必要な事項
書類の保存	公益法人の収支予算書、会計帳簿及び計算書類は、最低10年間保存しなければならない。	公益法人の財務諸表、会計帳簿、収支予算書及び収支決算書は、最低10年間保存しなければならない。

（2） 新公益法人会計基準への移行準備手続き

　既存の公益法人が新公益法人会計基準へ移行するためには、図表24に掲げる作業が必要になります。これらの内容について、3月決算法人が平成19年度（平成19年4月1日から平成20年3月31日）から移行する場合として、時系列的な流れで整理すると次のようになります。

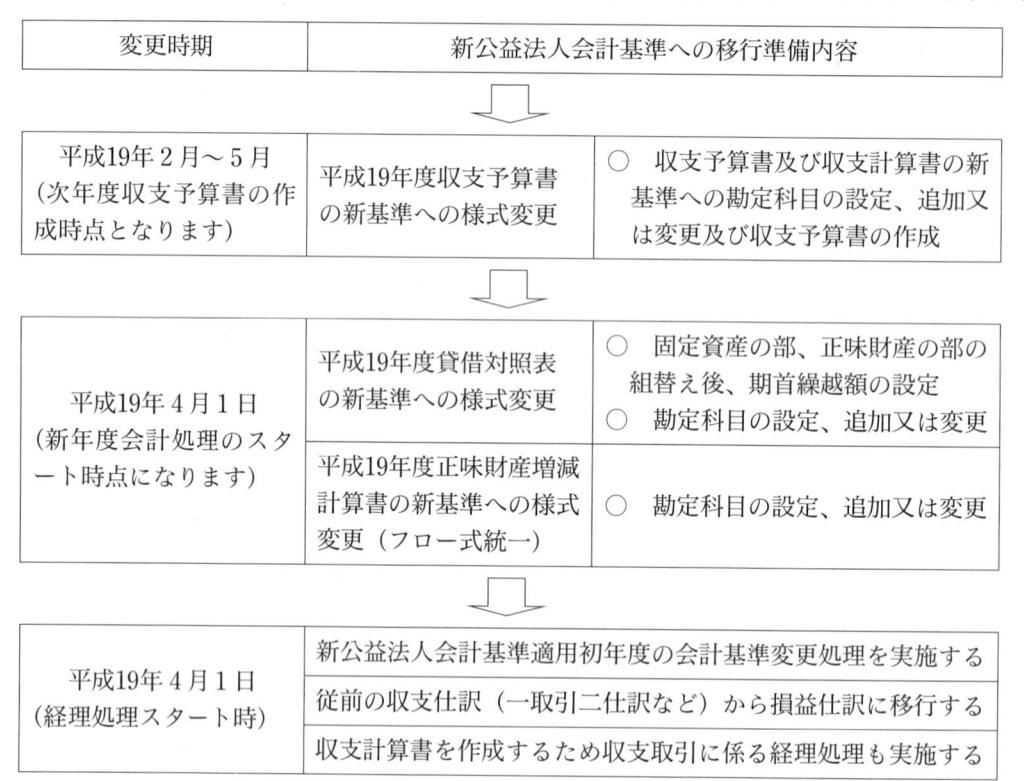

変更時期	新公益法人会計基準への移行準備内容	
平成19年2月～5月 （次年度収支予算書の作成時点となります）	平成19年度収支予算書の新基準への様式変更	○ 収支予算書及び収支計算書の新基準への勘定科目の設定、追加又は変更及び収支予算書の作成
平成19年4月1日 （新年度会計処理のスタート時点になります）	平成19年度貸借対照表の新基準への様式変更	○ 固定資産の部、正味財産の部の組替え後、期首繰越額の設定 ○ 勘定科目の設定、追加又は変更
	平成19年度正味財産増減計算書の新基準への様式変更（フロー式統一）	○ 勘定科目の設定、追加又は変更
平成19年4月1日 （経理処理スタート時）	新公益法人会計基準適用初年度の会計基準変更処理を実施する	
	従前の収支仕訳（一取引二仕訳など）から損益仕訳に移行する	
	収支計算書を作成するため収支取引に係る経理処理も実施する	

　各財務諸表等の様式変更によって、勘定科目の設定、追加又は変更が必要となりました。しかし、財務諸表等は、決算時に作成されるものであるため、様式の確定より取引の記録に備えるための勘定科目の設定等が優先される課題となります。

　また、財務諸表等のうち、最初に作成されるのは新年度の収支予算書となります。公益法人が予算運営している関係上、原則として事業年度の開始時点に作成時期が到来する特殊性から、決算時に様式変更の準備をするのでは間に合いません。そのため、収支予算書は、新公益法人会計基準への移行の影響を最も早い時期に受けることになります。

　なお、新公益法人会計基準適用初年度における、実質的な経理処理の開始時には、会計基準変更に伴う過年度の調整処理（項目別に後述します）を施す必要があります。これらの準備が完了してから、日常の経理処理を損益処理に移行し、取引の記録を行います。

第Ⅲ章 新公益法人会計基準の概要と移行準備手続き

図表24 新公益法人会計基準への移行ポイント

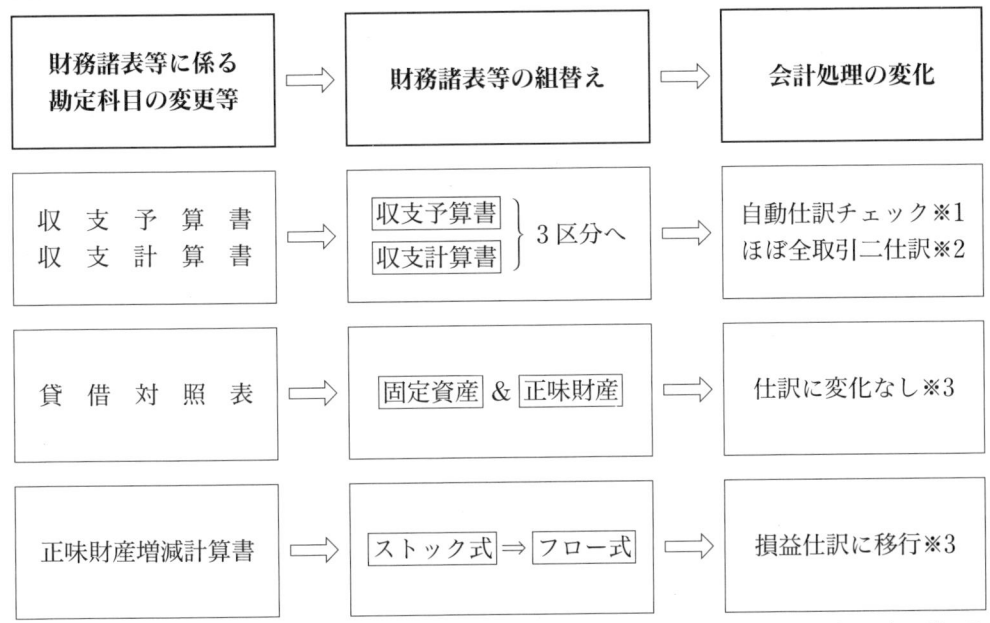

財務諸表等に係る勘定科目の変更等	⇒	財務諸表等の組替え	⇒	会計処理の変化
収支予算書 収支計算書	⇒	収支予算書 収支計算書 ｝3区分へ	⇒	自動仕訳チェック※1 ほぼ全取引二仕訳※2
貸借対照表	⇒	固定資産 & 正味財産	⇒	仕訳に変化なし※3
正味財産増減計算書	⇒	ストック式 ⇒ フロー式	⇒	損益仕訳に移行※3

※1 会計ソフトを採用する場合には、収支仕訳が自動的に処理されます。しかし、イレギュラーな取引処理が発生すると、ソフトの自動処理が上手に機能せずに、収支差額にズレを生じさせることがあります。自動仕訳のチェックは、そのようなソフトの想定外処理を補正する確認作業を指しています。

※2 従前の公益法人会計基準では、収支仕訳を基礎に取引の記録を実施してきましたので、固定資産の取得等の特殊な場合についてのみ二仕訳目を追加してきました（一取引二仕訳）。新公益法人会計基準では、資金間の振替え等を除き、収支仕訳のすべてを別途認識しなければなりません。そのため、会計ソフトを利用していない場合には、原則として、収支仕訳を手動で行うことになり、ほぼ全取引二仕訳となります。

※3 新公益法人会計基準は、減価償却制度、退職給付会計その他引当金制度、金融商品会計など、個別項目に係る会計基準の採用が求められています。すでに採用している公益法人は良いのですが、新公益法人会計基準への移行を契機として導入する場合には、実施していなかった過年度の調整を施す必要があります。これを会計基準変更時差異と称しており、基本的に本来の会計処理を実施する前に処理を行います。

(3) 新公益法人会計基準による収支予算書及び収支計算書の作成

① 収支予算書等の新様式

　新公益法人会計基準への移行に係る財務諸表等としての最初の着手は、収支予算書の様式変更等です。新旧の様式の違いを伝達する早道として、図表25のような比較表を前年度収支予算書の金額等を基礎に作成するとベターです。これは、収支差額を導くための表示の方法が変化しただけで、本質の変化がないことを伝えることが最大の目的です。

　新しい収支予算書等の様式は、最も大きな見出しが、「事業活動収支の部」、「投資活動収支の部」、「財務活動収支の部」及び「予備費支出」とされています。「予備費支出」は、いざという時に備えた予算措置であるため、いわばそれ以外の予算とは性格を異にします。それゆえ、新公益法人会計基準は、従来の収入と支出のひとまとめから、3区分によるそれぞれの収支計算が必要になったと説明されています。

　「事業活動収支の部」は、公益法人本来の事業運営による収支を表示することになり、日常における経理処理のほとんどがココに表示されます。それゆえ、従来の収入と支出のひとまとめの表示形式による結果と近似してきます。

　「投資活動収支の部」は、固定資産の売買、資金と特定資産との間における振替処理などが表示されます。取引の発生頻度は低いため、予算編成の際投資計画等がなければゼロということも考えられます。しかしながら、「投資活動収支の部」は、新年度分の経常的な目的預金の積立て（退職給付引当資産など）、固定預金の満期や書換え（定期預金の満期に伴う国債の購入）等に係る処理も表示対象となります。これらの項目は金額が高額になる傾向になるにもかかわらず、予算を取り付けるのを失念しているケースがありますので、予算申請の際新年度の固定資産管理状況を十分に斟酌する必要があります。

　「財務活動収支の部」は、第三者機関等からの資金調達により発生するものです。借入金が発生したり、又は借入金を返済したりする場合には表示されますが、発生頻度は比較的低いのではないでしょうか。

② 新公益法人会計基準適用初年度における収支予算書の前年度予算額との比較増減方法

　収支予算書は、前年度予算額との比較増減形式の様式が求められております。前年度の比較増減による様式は、利害関係者への情報開示としては非常に丁寧で効果的な形式です。し

第Ⅲ章 新公益法人会計基準の概要と移行準備手続き

図表25 収支予算書及び収支計算書の様式変更の比較

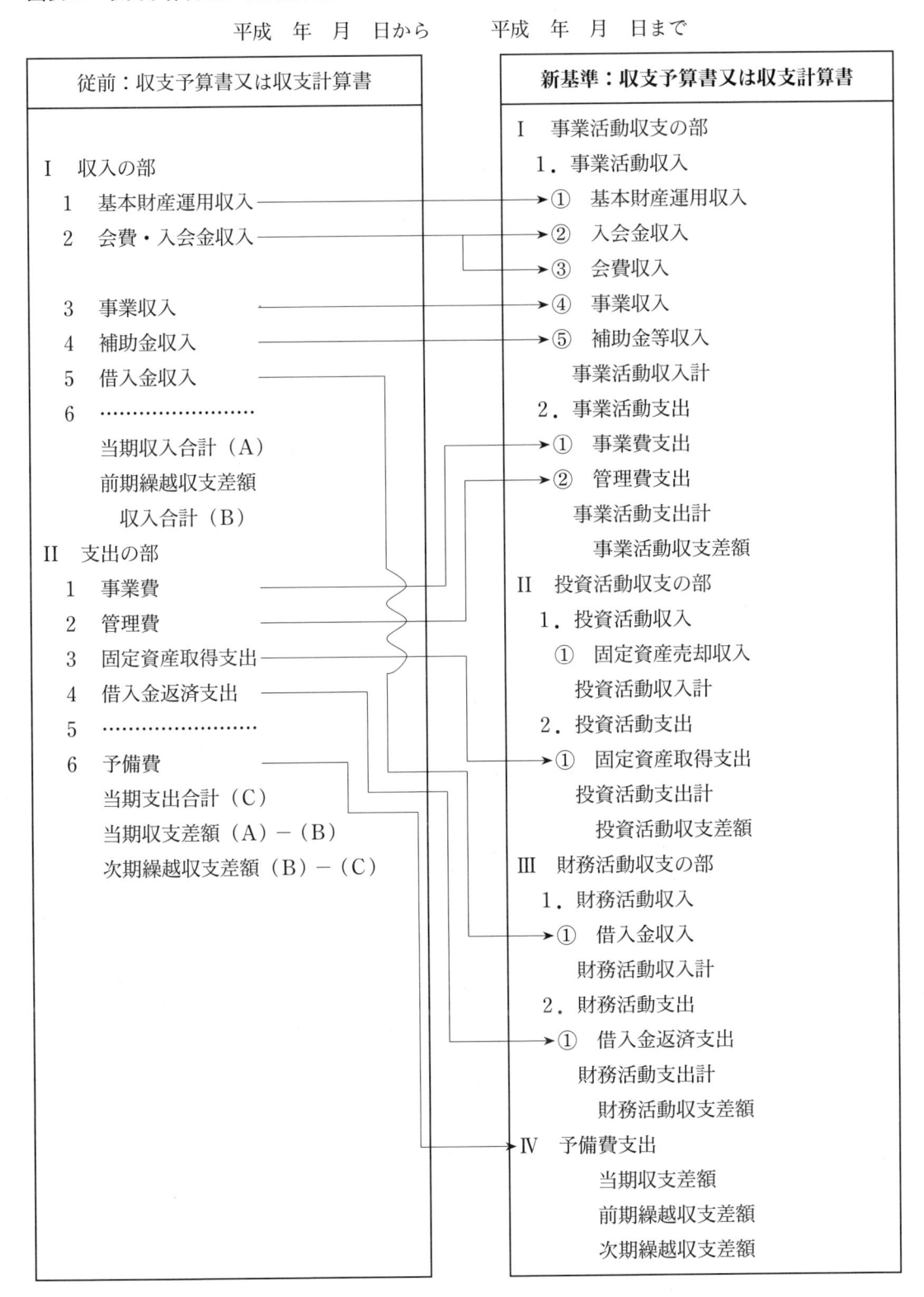

平成　年　月　日から　　平成　年　月　日まで

従前：収支予算書又は収支計算書	新基準：収支予算書又は収支計算書
Ⅰ　収入の部 　1　基本財産運用収入 　2　会費・入会金収入 　 　3　事業収入 　4　補助金収入 　5　借入金収入 　6　…………… 　　当期収入合計（A） 　　前期繰越収支差額 　　　収入合計（B） Ⅱ　支出の部 　1　事業費 　2　管理費 　3　固定資産取得支出 　4　借入金返済支出 　5　…………… 　6　予備費 　　当期支出合計（C） 　　当期収支差額（A）−（B） 　　次期繰越収支差額（B）−（C）	Ⅰ　事業活動収支の部 　1．事業活動収入 　　① 基本財産運用収入 　　② 入会金収入 　　③ 会費収入 　　④ 事業収入 　　⑤ 補助金等収入 　　　事業活動収入計 　2．事業活動支出 　　① 事業費支出 　　② 管理費支出 　　　事業活動支出計 　　　　事業活動収支差額 Ⅱ　投資活動収支の部 　1．投資活動収入 　　① 固定資産売却収入 　　　投資活動収入計 　2．投資活動支出 　　① 固定資産取得支出 　　　投資活動支出計 　　　　投資活動収支差額 Ⅲ　財務活動収支の部 　1．財務活動収入 　　① 借入金収入 　　　財務活動収入計 　2．財務活動支出 　　① 借入金返済支出 　　　財務活動支出計 　　　　財務活動収支差額 Ⅳ　予備費支出 　　　当期収支差額 　　　前期繰越収支差額 　　　次期繰越収支差額

かしながら、新公益法人会計基準適用初年度は、その変わり目であることから、前年度の収支予算書が従来の公益法人会計基準の様式に基づいて作成されているため、比較形式の様式には適合できません。そこで、新公益法人会計基準適用初年度については、図表26（第2法）のような並列的な様式で作成することも許容しております。とはいえ、新公益法人会計基準による様式変更の説明等の際、前述の図表25のような作業を実施しておけば、原則どおり図表26（第1法）によることが可能となります。

③ 収支予算書等の総括表

一般会計のほか特別会計を設けている公益法人については、各会計単位の収支計算書と法人全体の合計を記した総括表の作成が必要となります（図表27参照）。新公益法人会計基準における総括表の様式は、「内部取引消去」欄が設けられております。内部取引消去は、一般会計と特別会計、各特別会計の間で発生した収支取引を相殺消去する欄です。これにより、同一法人内における会計間の繰入金収入又は繰出金支出の収支取引を除くことになり、純粋な外部取引に係る収支計算に総括されることになります。

④ 収支予算書等で使用する勘定科目

㋐ 公益法人会計基準に基づく勘定科目

財務諸表等に使用する勘定科目は、取引の内容をアピールするための適切な科目を使用することが主眼です。そのため、公益法人会計基準で掲げているものは、一般的、標準的なものであり、事業の種類、規模等に応じて科目を追加又は省略することができるとされています。財務諸表等の目的が利害関係者に対する適切な会計情報の提供であれば、勘定科目の名称を適宜変更し、又は小科目などを設けることは推奨される行為です。

ところで、新公益法人会計基準は、正味財産増減計算書がフロー式に統一化されています。これにより、様式の形態が損益概念での整理に変化し、勘定科目の構成が収支計算書等と類似することになりました。この点を識別することが理由であるかは定かではありませんが、新公益法人会計基準の収支計算書等の勘定科目は、収入に分類される科目には語尾に「収入」、費用に分類される科目には語尾に「支出」と付されています。オリジナルの勘定科目を設定する際には、この点を意識しながら科目名称を決めるような配慮があると良いでしょう（図表28参照）。

第Ⅲ章 新公益法人会計基準の概要と移行準備手続き

図表26 収支予算書の前年度予算額の表示方式

> 増減比較のためには、前年度予算額を新公益法人会計基準の様式に置き換えないとなりません。

(第1法)

収支予算書
平成　年　月　日から　平成　年　月　日まで

科　目	予算額	前年度予算額	増　減	備考
Ⅰ　事業活動収支の部				
1．事業活動収入				
事業活動収入計				
2．事業活動支出				
事業活動支出計				
事業活動収支差額				
Ⅱ　投資活動収支の部				
1．投資活動収入				
投資活動収入計				
2．投資活動支出				
投資活動支出計				
投資活動収支差額				
Ⅲ　財務活動収支の部				
1．財務活動収入				
財務活動収入計				
2．財務活動支出				
財務活動支出計				
財務活動収支差額				
Ⅳ　予備費支出				
当期収支差額				
前期繰越収支差額				
次期繰越収支差額				

(注)　1．収支予算書は、当年度から「公益法人会計における内部管理事項について」(平成17年3月23日公益法人等の指導監督等に関する関係省庁連絡会議幹事会申合せ)に示された3区分の様式により作成している。
　　　2．前年度予算額は、前年度の収支予算書の科目を当年度予算額の科目に対応させて組み替えて表示している。

(第2法)

収支予算書
平成　年　月　日から　平成　年　月　日まで

> 前年度予算額を比較増減表示をしないケース！

当年度予算額			前年度予算額		
科　　目	予算額	備考	科　　目	予算額	備考
Ⅰ　事業活動収支の部			Ⅰ　収入の部		
1．事業活動収入			1　基本財産運用収入		
事業活動収入計			2　会費・入会金収入		
2．事業活動支出			3　事業収入		
事業活動支出計			4　補助金収入		
事業活動収支差額			5　借入金収入		
Ⅱ　投資活動収支の部			6　…………		
1．投資活動収入			当期収入合計（A）		
投資活動収入計			前期繰越収支差額		
2．投資活動支出			収入合計（B）		
投資活動支出計			Ⅱ　支出の部		
投資活動収支差額			1　事業費		
Ⅲ　財務活動収支の部			2　管理費		
1．財務活動収入			3　固定資産取得支出		
財務活動収入計			4　借入金返済支出		
2．財務活動支出			5　…………		
財務活動支出計			6　予備費		
財務活動収支差額			当期支出合計（C）		
Ⅳ　予備費支出			当期収支差額		
当期収支差額			（A）－（B）		
前期繰越収支差額			次期繰越収支差額		
次期繰越収支差額			（B）－（C）		

（注）　1．収支予算書は、当年度から「公益法人会計における内部管理事項について」（平成17年3月23日公益法人等の指導監督等に関する関係省庁連絡会議幹事会申合せ）に示された3区分の様式により作成している。
　　　　2．前年度予算額は、平成16年10月改正前の「公益法人会計基準」（昭和60年9月17日公益法人指導監督連絡会議決定）により従前どおり表示している。

図表27　収支予算書総括表の様式

収支予算書総括表

平成　年　月　日から　平成　年　月　日まで

> 会計間の振替取引を消去します！

科　　目	一般会計	特別会計	特別会計	内部取引消去	合　計
Ⅰ　事業活動収支の部					
1．事業活動収入					
中科目記載					
事業活動収入計					
2．事業活動支出					
中科目記載					
事業活動支出計					
事業活動収支差額					
Ⅱ　投資活動収支の部					
1．投資活動収入					
中科目記載					
投資活動収入計					
2．投資活動支出					
中科目記載					
投資活動支出計					
投資活動収支差額					
Ⅲ　財務活動収支の部					
1．財務活動収入					
中科目記載					
財務活動収入計					
2．財務活動支出					
中科目記載					
財務活動支出計					
財務活動収支差額					
Ⅳ　予備費支出					
当期収支差額					
前期繰越収支差額					
次期繰越収支差額					

（記載上の注意点）当該事業年度の予算額のみを計上する。

図表28　収支予算書及び収支計算書の新旧勘定科目の比較

旧基準：収支予算書及び収支計算書		新基準：収支予算書及び収支計算書	
大科目	中科目	大科目	中科目
		事業活動収入	
基本財産運用収入		基本財産運用収入	
	基本財産利息収入		基本財産利息収入
	基本財産配当金収入		基本財産配当金収入
	基本財産賃貸料収入		基本財産賃貸料収入
		特定資産運用収入	
			特定資産利息収入
			特定資産配当金収入
入会金収入		入会金収入	
	入会金収入		入会金収入
会費収入		受取収入	
	正会員会費収入		正会員会費収入
	特別会員会費収入		特別会員会費収入
	賛助会員会費収入		賛助会員会費収入
事業収入		事業収入	
	○○事業収入		○○事業収入
補助金等収入		補助金等収入	
	国庫補助金収入		国庫補助金収入
	地方公共団体補助金収入		地方公共団体補助金収入
	民間補助金収入		民間補助金収入
	○○受託収入		○○受託収入
	国庫助成金収入		国庫助成金収入
	地方公共団体助成金収入		地方公共団体助成金収入
	民間助成金収入		民間助成金収入
負担金収入		負担金収入	
	負担金収入		負担金収入
寄付金収入		寄付金収入	
	寄付金収入		寄付金収入
	募金収入		募金収入
雑収入		雑収入	
	受取利息		受取利息収入
			有価証券運用収入
	雑収入		雑収入

第Ⅲ章　新公益法人会計基準の概要と移行準備手続き

旧基準：収支予算書及び収支計算書		新基準：収支予算書及び収支計算書	
大科目	中科目	大科目	中科目
繰入金収入		他会計からの繰入金収入	
	繰入金収入		○○会計からの繰入金収入
事業費		**事業活動支出** 事業費支出	
	給料手当		給料手当支出
	臨時雇賃金		臨時雇賃金支出
	退職金		**退職給付支出**
	福利厚生費		福利厚生費支出
	旅費交通費		旅費交通費支出
	通信運搬費		通信運搬費支出
	消耗什器備品費		消耗什器備品費支出
	消耗品費		消耗品費支出
	修繕費		修繕費支出
	印刷製本費		印刷製本費支出
	燃料費		燃料費支出
	光熱水料費		光熱水料費支出
	賃借料		賃借料支出
	保険料		保険料支出
	諸謝金		諸謝金支出
	租税公課		租税公課支出
	負担金支出		負担金支出
	助成金支出		前払金支出
	寄付金支出		寄付金支出
	委託費		委託費支出
	雑費		雑支出
管理費		管理費	
	役員報酬		役員報酬支出
	給料手当		給料手当支出
	退職金		**退職給付支出**
	福利厚生費		福利厚生費支出
	会議費		会議費支出
	旅費交通費		旅費交通費支出
	通信運搬費		通信運搬費支出

旧基準：収支予算書及び収支計算書		新基準：収支予算書及び収支計算書	
大科目	中科目	大科目	中科目
	消耗什器備品費		消耗什器備品費支出
	消耗品費		消耗品費支出
	修繕費		修繕費支出
	印刷製本費		印刷製本費支出
	燃料費		燃料費支出
	光熱水料費		光熱水料費支出
	賃借料		賃借料支出
	災害保険料		火災保険料支出
	諸謝金		諸謝金支出
	租税公課		租税公課支出
	負担金支出		負担金支出
	寄付金支出		寄付金支出
	支払利息		支払利息支出
	雑費		雑支出
繰入金支出		他会計への繰入金支出	
	繰入金支出		○○会計への繰入金支出
		投資活動収入	
		基本財産取崩収入	
			土地売却収入
			投資有価証券売却収入
特定預金取崩収入		特定資産取崩収入	
	退職給与引当預金取崩収入		**退職給付引当資産取崩収入**
	減価償却引当預金取崩収入		**減価償却引当資産取崩収入**
固定資産売却収入		固定資産売却収入	
	土地売却収入		土地売却収入
	建物売却収入		建物売却収入
	車両運搬具売却収入		車両運搬具売却収入
	什器備品売却収入		什器備品売却収入
	借地権売却収入		
	電話加入権売却収入	投資有価証券売却収入	
	投資有価証券売却収入		投資有価証券売却収入
敷金・保証金戻り収入		敷金・保証金戻り収入	
	敷金戻り収入		敷金戻り収入
	保証金戻り収入		保証金戻り収入

旧基準：収支予算書及び収支計算書		新基準：収支予算書及び収支計算書	
大科目	中科目	大科目	中科目
		投資活動支出	
		基本財産取得支出	
			土地取得支出
			投資有価証券取得支出
特定預金支出		特定資産取得支出	
	退職給与引当預金支出		**退職給付引当資産取得支出**
	減価償却引当預金支出		**減価償却引当資産取得支出**
固定資産取得支出		固定資産取得支出	
	土地購入支出		土地購入支出
	建物建設（購入）支出		建物建設（購入）支出
	構築物建設支出		構築物建設支出
	車両運搬具購入支出		車両運搬具購入支出
	什器備品購入支出		什器備品購入支出
	建設仮勘定支出		建設仮勘定支出
	借地権購入支出		借地権購入支出
	電話加入権購入支出	投資有価証券取得支出	
	投資有価証券購入支出		**投資有価証券取得支出**
敷金・保証金支出		敷金・保証金支出	
	敷金支出		敷金支出
	保証金支出		保証金支出
		財務活動収入	
借入金収入		借入金収入	
	短期借入金収入		短期借入金収入
	長期借入金収入		長期借入金収入
		財務活動支出	
借入金返済支出		借入金返済支出	
	短期借入金返済支出		短期借入金返済支出
	長期借入金返済支出		長期借入金返済支出
		その他	
予備費	予備費	予備費支出	予備費支出
当期収支差額	当期収支差額	当期収支差額	当期収支差額
		前期繰越収支差額	前期繰越収支差額
次期繰越収支差額	次期繰越収支差額	次期繰越収支差額	次期繰越収支差額

(イ) 新公益法人会計基準の勘定科目の特徴点

新旧公益法人会計基準の勘定科目のうち、特徴的な部分を取り上げたいと思います。

仕訳（例）は、新公益法人会計基準の損益仕訳を前提として、収支仕訳の考え方を示しました。そのため、便宜上、収支仕訳の相手科目は「資金勘定」を使用しています。この「資金勘定」は貸借平均原理を遵守するための便宜上の科目であって、帳簿管理等の必要性のないものです（貸借を合わせるためのダミーのようなもの）。

㋐ 特定資産運用収入

貸借対照表の固定資産について、新しい分類として区分されることになった「特定資産」の運用により生じた収入を計上するための勘定科目です。新公益法人会計基準の概念で新設されたものであるため、従来にはなかった勘定科目です。

> （例）特定資産に計上されている定期預金の利息1,000円が、利息の入金口座となっている流動資産である普通預金に入金されました。
> 　　　（普通預金）1,000　　（特定資産運用益／特定資産受取利息）　1,000
> 　　　（資金勘定）1,000　　（特定資産運用収入／特定資産利息収入）1,000

㋑ 雑収入／有価証券運用収入

有価証券から生じた利息等を計上するための勘定科目です。従来から概念は存していたと思いますが、表示方法の一貫性はなかったと思われます。新公益法人会計基準では、投資活動収支の部において有価証券の売買が別区分の表示になるため、事業活動収支の部における運用収入を確認の意味でも表示していると思われます。

> （例）その他固定資産に計上されている国債の利息1,000円が発生しました。
> 　　　（現金預金）1,000　　（雑収益／有価証券運用益）　1,000
> 　　　（資金勘定）1,000　　（雑収入／有価証券運用収入）1,000

㋒ 他会計からの繰入金収入又は他会計への繰入金支出

一般会計と特別会計、特別会計と他の特別会計との間で収支取引の振替等を実施する際、使用する勘定科目です。どの会計との取引であるかを明確にするため、中科目では具体的な会計の名称を勘定科目に付すというような方針です。

なお、他会計からの繰入金収入等は、事業活動収支の部に限らず、性質に応じて表示をすることになります。

> (例) 一般会計からA事業特別会計へ事業資金1,000円を振り替えました。
> 〔一般会計〕
>   (他会計への繰出額／A事業特別会計への繰出額)　　1,000　　(現金預金) 1,000
>   (他会計への繰入金支出／A事業特別会計への繰入金支出) 1,000　(支払資金) 1,000
> 〔A事業特別会計〕
>   (現金預金) 1,000　(他会計からの繰入額／一般会計からの繰入額)　　1,000
>   (資金勘定) 1,000　(他会計からの繰入金収入／一般会計からの繰入金収入) 1,000

㋔　退職給付支出

　職員等の退職金の支給の際、使用する勘定科目です。新公益法人会計基準では、職員等に対する将来における退職金の支給準備については、退職給付会計の導入が求められています。これにより使用する勘定科目の名称が、「退職金」から変更されたものと理解されます。ただ、引き続き「退職金」を使用することは、私見として否定的ではありません。

> (例) 甲氏が退職をしたため、退職金1,000円を支給しました。
>   (退職給付引当金) 1,000　(現金預金) 1,000
>   (退職給付支出)　 1,000　(資金勘定) 1,000

㋕　基本財産取崩収入又は基本財産取得支出

　基本財産に含まれる資産を売却した場合の収入、取得した場合の支出を認識する際、使用する勘定科目です。従来から概念は存していたと思いますが、表示方法の一貫性はなかったため、画一的な表示の方向性を示唆しているものと感じられます。ただ、基本財産の処分等は、主務官庁等の厳格な管理下にあるため、取引が頻繁に発生するものではなく、使用頻度は低いでしょう。

> (例) 基本財産である定期預金1,000円が満期になったため、同額国債を購入しました。
> 〔定期預金の満期〕
>   (現金預金) 1,000　(基本財産／定期預金)　　　　　　1,000
>   (資金勘定) 1,000　(基本財産取崩収入／定期預金満期収入) 1,000
>   ※　「定期預金満期収入」は一般的な勘定科目とはいえませんが、収支計算書の収入及び支出をグロス表示するためには何らかの科目で収入認識を行う必要があります。そのため、固定資産の変動を伝達できれば足りるので、「固定資産振替等収入」その他適宜の名称を付すことで目的は達成できるものと考えられます。
> 〔国債の購入〕
>   (基本財産／投資有価証券)　　　　　　1,000　(現金預金) 1,000
>   (基本財産取得支出／投資有価証券取得支出) 1,000　(資金勘定) 1,000

㋕ 特定資産取崩収入又は特定資産取得支出

　新公益法人会計基準によって、貸借対照表の特定資産概念が生まれました。資金との間の取引において、その特定資産が減少した場合（特定資産取崩収入）又は増加した場合（特定資産取得支出）に使用する勘定科目となります。

> （例）○年後に実施予定のＢ事業資金の積立預金について、当期分として1,000円追加振替をしました。
> 　　　（特定資産／Ｂ事業積立資産／定期預金）1,000　　（現金預金）1,000
> 　　　（特定資産／Ｂ事業積立資産取得支出）　1,000　　（資金勘定）1,000

（４） 新公益法人会計基準による正味財産増減計算書の作成

① ストック式からフロー式へ

　新公益法人会計基準によって、正味財産増減計算書がフロー式に統一化されました。

　正味財産増減計算書の様式には、フロー式に相対する形式として、ストック式というものがあります。従来の公益法人会計基準では、ストック式を基本としていたため、過半数の公益法人はストック式を採用していました。そのため、財務諸表の変革の主としては、正味財産増減計算書の様式変更であるといえます。

　また、いずれの様式であっても、正味財産の増減認識をすることが最終目的ですが、フロー式が損益の発生プロセスから正味財産の増減を誘導計算するのに対し、ストック式は資産負債の増減から正味財産の増減を表現します。従来から正味財産増減計算書は、理解が困難な財務諸表であると利害関係者等からいわれており、わかりやすい正味財産の増減結果の開示が求められていました。その声に応えるために、企業会計で定着している損益計算書の概念を持つ、フロー式に一本化されたといえます。

　ただ、従来の公益法人会計基準で措置されていたフロー式の正味財産増減計算書と、新公益法人会計基準によって定めた様式とでは、変更が加えられております。そのため、これまでフロー式を採用していた公益法人についても、新公益法人会計基準による様式の変化を加味しなければなりません。

② 新しいフロー式正味財産増減計算書の特徴点

　従来のフロー式の様式は、収益の表示を「増加原因の部」、費用の表示を「減少原因の部」に取りまとめて表示する形式でした。新しいフロー式の様式は、まず、「一般正味財産増減の部」と「指定正味財産増減の部」に分けて、それぞれの正味財産増減額を把握し、両者の合計額として「正味財産期末残高」を表示する形式に変更になりました。

　「一般」と「指定」の詳細は後述しますが、要するに寄付金等収益の発生源泉について、使途の制約を加えられているものを「指定」に区分し、それ以外を「一般」として表示することになりました。公益法人が寄付金で運営され、又は国等からの財源による補助事業などを実施している場合には「指定」の区分の表示部分が賑わいますが、それ以外は通常ブランクになります。

　さらに、「一般正味財産増減の部」は、「経常増減の部」と「経常外増減の部」に２区分化

されています。これは、損益計算書の「営業損益」、「経常損益」及び「特別損益」の3区分をイメージするものです。両者を突け合わすならば、「経常増減の部」は「営業損益」に「経常損益」を加えたもの、「経常外増減の部」は「特別損益」と捉えると理解の早道であると思われます。この考え方を前提にすると、新公益法人会計基準では、臨時的偶発的な損益を区分表示することにより、通常の事業活動に基づいて発生した純粋な損益を顕在化させるという趣旨が伝わるところです（図表29参照）。

その他様式変更上のテーマとしては、当年度と前年度との比較増減形式への対応となります（図表30参照）。新会計基準適用初年度は、前年度がストック式を採用している等の理由によって、比較形式で財務諸表を作成することができません。そのため、適用初年度は、前年度及び増減の欄をブランクにすることも許容されております。

しかしながら、実務上では前年度に作成したストック式の正味財産増減計算書を、同年の収支計算書を参考にしながら、フロー式に組み替えて新しい様式にそうような配慮をしているケースが多く見受けられます。利害関係者等は様式変化による変わり目で混乱をしている時期であるため、的確な情報伝達のためには組み替えによる情報提供はベターであると感じます。

③　正味財産増減計算書の総括表

一般会計のほか特別会計を設けている公益法人については、各会計単位の正味財産増減計算書と法人全体の合計を記した総括表の作成が必要となります（図表31参照）。新公益法人会計基準における総括表の様式は、「内部取引消去」欄が設けられております。内部取引消去は、一般会計と特別会計、特別会計の間で発生した損益取引を相殺消去する欄です。これにより、同一法人内の会計間の繰入額又は繰出額の取引を除くことになり、純粋な外部取引に係る損益計算に総括されることになります。

④　正味財産増減計算書で使用する勘定科目

㋐　公益法人会計基準に基づく勘定科目

財務諸表等に使用する勘定科目は、取引の内容をアピールするための適切な科目を使用することが主眼です。そのため、公益法人会計基準で掲げているものは、一般的、標準的なものであり、事業の種類、規模等に応じて科目を追加又は省略することができるとされています。財務諸表等の目的が利害関係者に対する適切な会計情報の提供であれば、勘定科目の名称を適宜変更し、又は小科目などを設けることは推奨される行為です。

図表29　新旧正味財産増減計算書の様式の比較

> 新様式は前年度との増減を表示するようになります！

正味財産増減計算書

平成　年　月　日から　平成　年　月　日まで

従来の公益法人会計基準 （ストック式）	従来の公益法人会計基準 （フロー式）	**新公益法人会計基準** **（フロー式）**
Ⅰ　増加の部 　1　資産増加額 　　　当期収支差額 　　　　……………… 　　　　……………… 　2　負債減少額 　　　　……………… 　　　　……………… 　　　　増加額合計 Ⅱ　減少の部 　1　資産減少額 　　　当期収支差額 　　　（マイナスの場合） 　　　　……………… 　　　　……………… 　2　負債増加額 　　　　……………… 　　　　……………… 　　　　……………… 　　　　減少額合計 　　　当期正味財産増加額 　　　　　　（減少額） 　　　前期繰越正味財産額 　　　期末正味財産合計額	Ⅰ　増加原因の部 　1　基本財産運用収入 　　　　……………… 　2　事業収入 　　　　……………… 　3　補助金収入 　　　　……………… 　4　固定資産受贈額 　　　　……………… 　5　……………… 　　　　……………… 　　　　合　計 Ⅱ　減少原因の部 　1　事業費 　　　　……………… 　2　管理費 　　　　……………… 　3　建物減価償却額 　4　退職給与引当金繰入額 　5　……………… 　　　　合　計 　　　当期正味財産増加額 　　　　　　（減少額） 　　　前期繰越正味財産額 　　　期末正味財産合計額	Ⅰ　一般正味財産増減の部 　1．経常増減の部 　(1)　経常収益 　　①　基本財産運用益 　　②　受取入会金 　　③　受取会費 　　④　事業収益 　　⑤　受取補助金等 　　　経常収益計 　(2)　経常費用 　　①　事業費 　　②　管理費 　　　経常費用計 　　　　当期経常増減額 　2．経常外増減の部 　(1)　経常外収益 　　①　固定資産売却益 　　　経常外収益計 　(2)　経常外費用 　　①　固定資産売却損 　　　経常外費用計 　　　　当期経常外増減額 　　　当期一般正味財産増減額 　　　一般正味財産期首残高 　　　一般正味財産期末残高 Ⅱ　指定正味財産増減の部 　　①　受取補助金等 　　　当期指定正味財産増減額 　　　指定正味財産期首残高 　　　指定正味財産期末残高 Ⅲ　正味財産期末残高

図表30　正味財産増減計算書の見出し

正味財産増減計算書
平成　年　月　日から　平成　年　月　日まで

科　　目	当年度	前年度	増減

図表31　正味財産増減計算書総括表の様式

> 会計間の振替取引を消去します！

正味財産増減計算書総括表
平成　年　月　日から　平成　年　月　日まで

科　　目	一般会計	特別会計	特別会計	内部取引消去	合　計
Ⅰ　一般正味財産増減の部					
1．経常増減の部					
(1)　経常収益					
中科目別記載					
経常収益計					
(2)　経常費用					
中科目別記載					
経常費用計					
当期経常増減額					
2．経常外増減の部					
(1)　経常外収益					
中科目別記載					
経常外収益計					
(2)　経常外費用					
中科目別記載					
経常外費用計					
当期経常外増減額					
当期一般正味財産増減額					
一般正味財産期首残高					
一般正味財産期末残高					
Ⅱ　指定正味財産増減の部					
中科目別記載					
当期指定正味財産増減額					
指定正味財産期首残高					
指定正味財産期末残高					
Ⅲ　正味財産期末残高					

新公益法人会計基準では、正味財産増減計算書がフロー式に統一化されています。これにより、様式の形態が損益概念一本化の整理に変化したため、従来のフロー式との比較においても、それを強調するかのような勘定科目の整理が行われています（図表32参照）。

(イ) 新公益法人会計基準の勘定科目の特徴点

新旧公益法人会計基準の勘定科目のうち、特徴的な部分を取り上げたいと思います。

仕訳（例）は、新公益法人会計基準の損益仕訳を前提として、収支仕訳の考え方を示しました。そのため、便宜上、収支仕訳の相手科目は「資金勘定」を使用しています。この「資金勘定」は貸借平均原理を遵守するための便宜上の科目であって、帳簿管理等の必要性のないものです（貸借を合わせるためのダミーのようなもの）。

㋐ 特定資産運用益

貸借対照表の固定資産について、新しい分類として区分されることになった「特定資産」の運用により生じた収益を計上するための勘定科目です。新公益法人会計基準の概念で新設されたものであるため、従来にはなかった勘定科目です。

> (例) 特定資産に計上されている定期預金の利息2,000円が、利息の入金口座となっている流動資産である普通預金に入金されました。
> 　　（普通預金）2,000　　（特定資産運用益／特定資産受取利息）　2,000
> 　　（資金勘定）2,000　　（特定資産運用収入／特定資産利息収入）2,000

㋑ 雑収益／有価証券運用益又は有価証券運用損

有価証券から生じた利息等の運用損益を計上するための勘定科目です。従来から概念は存していたと思いますが、表示方法の一貫性はなかったと思われます。新公益法人会計基準では、経常的に生ずる損益とそれ以外とに表示箇所を区分していますので、雑収益又は管理費に計上するものは経常性の存する利息等であると理解できます。

> (例) その他固定資産に計上されている地方債の利息2,000円が発生しました。
> 　　（現金預金）2,000　　（雑収益／有価証券運用益）　2,000
> 　　（資金勘定）2,000　　（雑収入／有価証券運用収入）2,000

㋒ 他会計からの繰入額又は他会計への繰出額

一般会計と特別会計、特別会計と他の特別会計との間で損益取引の振替等を実施する際、使用する勘定科目です。どの会計との取引であるかを明確にするため、中科目では具体的な会計の名称を勘定科目に付すというような方針です。

なお、他会計からの繰入金収入等は、事業活動収支の部に限らず、性質に応じて表示をすることになります。

（例）一般会計では、B事業特別会計との共通経費である給料手当を全額負担しております。
　　　なお、B事業特別会計の負担部分は2,000円です。
〔一般会計〕
　　（他会計への繰出額／B事業特別会計への繰出額）　　　2,000　（現金預金）2,000
　　（他会計への繰入金支出／B事業特別会計への繰入金支出）2,000　（資金勘定）2,000
〔B事業特別会計〕
　　（給料手当）2,000　（他会計からの繰入額／一般会計からの繰入額）　　2,000
　　（資金勘定）2,000　（他会計からの繰入金収入／一般会計からの繰入金収入）2,000

　㋓　退職給付費用

　将来における職員等の退職金の際、支給する退職金（退職給付費用）をあらかじめ設定するために使用する勘定科目です。新公益法人会計基準では、退職金の支給慣例のある公益法人については、退職給付会計の導入が要請されております。同会計に基づいて、退職給付引当金の設定を毎期計上することになりますが、従前の退職給与引当金制度と概念は一緒です。

　なお、「退職給付費用」ではなく、「退職給付引当金繰入」を使用することについては、私見として否定的ではありません。

（例）当期における職員等に対する退職給付費用増加分2,000円を引当金に追加計上しました。
　　（退職給付費用）2,000　（退職給付引当金）2,000
　　※　資金の増減を伴わないため、収支仕訳は発生しません。

　㋔　基本財産評価益又は基本財産評価損

　新公益法人会計基準では、金融商品の時価会計、減損会計などが導入されています。そのため、従来の貸借対照表基本原則である取得原価主義から、時価主義へと潮流は大きく変化しています。

（例）当期末において、基本財産である有価証券の時価が帳簿価額に比して2,000円下落しました。
　　（基本財産評価損）2,000　（基本財産／投資有価証券）2,000
　　※　資金の増減を伴わないため、収支仕訳は発生しません。

　時価会計は、基本財産という領域に捉われることなく採用され、原則として基本財産は減少してはならないという認識を180度覆すことになりました。「公益法人会計基準の改正等に

第Ⅲ章 新公益法人会計基準の概要と移行準備手続き

ついて」(平成16年10月14日公益法人等の指導監督等に関する関係省庁連絡会議申合せ)等の実施に伴う財団法人の基本財産の指導監督について(通知)では、評価換えによる基本財産の減少について、次のような方針となっております。

【参考No.1】

> 1　財団法人の基本財産について、以下のような場合については、原則として処分に該当するものとして取り扱う。
> ①　基本財産となっている資産の喪失
> ②　法人の意思に基づく基本財産としての性質の著しい変更
> ③　法人の意思に基づく基本財産の額の減少
> 　なお、減価償却や時価評価に伴う減少額等の会計上の認識にとどまっている基本財産の減少額については、処分に該当しないものとして取り扱うものとする。

　公益法人が基本財産を処分、又は担保に供するときは、原則として、参考No.2に掲げる承認申請書を主務官庁等に提出する必要があります。ところが、この通知では、評価換えによる損失の計上は、その手続きを不要としており、基本財産の評価換えによる減少は当然のことと捉えているようです。

　そうはいっても実務上では、長年の慣例から基本財産の減少に対して、やや抵抗感を覚える会計処理です。そのため、減少差額を流動資産の預金で充当して、結果として総額を変化させないという処理も見受けられます。

> (例) 当期末において、基本財産である有価証券の時価が帳簿価額に比して2,000下落しました。
> 　　 そこで、流動資産の普通預金を同額振り替えました。
> 　　 (基本財産評価損)　　　　2,000　　(基本財産／投資有価証券) 2,000
> 　　 (基本財産／普通預金) 2,000　　(現金預金)　　　　　　　 2,000
> 　　 (基本財産取得支出)　 2,000　　(資金勘定)　　　　　　　 2,000

　このような会計処理は、長年築き上げた会計慣例の象徴であり、保守的な思考が感じられますが、否定するところはありません。ただ、会計基準の変更時に、過去から積み上げた含み損を精算するためには、状況によっては資金でフォローすることもかなわないケースもあります。このような著しい減損を顕在化する際には、主務官庁等と相談の上対応するべきでしょう。

【参考 No.2】 基本財産処分承認申請書

		基本財産処分承認申請書	
申請者	主たる事務所の所在地	（〒　—　）　　　　　　　　　　　　　　　　　　　　　　　　（TEL　　—　　—　　）　　　　　　　　　　　　　　　　　　　　　　　　（FAX　　—　　—　　）	
	ふりがな　名　　称		
	代表者の氏名	（代表者印）	
	申　請　年　月　日	平成　　　年　　　月　　　日	
基本財産処分の内容			
基本財産を処分する理由			
処分物件			

（注意）　1　用紙の大きさは日本工業規格A列4番とすること。
　　　　　2　基本財産処分の内容欄には、処分の種類（売却、賃貸等）、処分の相手方（買主、借主等）、処分の対価（売買価格、賃貸料等）等を記載すること。
　　　　　3　処分物件の欄には、処分する基本財産を具体的に記載すること。たとえば、建物については、各棟ごとに所在地、種類、構造及び床面積並びに申請時における具体的な用途を、土地については、各筆ごとに所在地、地目及び地積並びに申請時における具体的な用途を記載すること。
　　　　　4　記名押印に代えて署名することができる。

㋕ 一般正味財産への振替額

新公益法人会計基準では、寄附金や補助金等で、寄附者等の意思により使途の制約が課されている場合は、その寄附金等は指定正味財産の部に係る収益として区分されます。さらに、使途に応じて支出した都度、その費用は一般正味財産増減の部の事業費に計上し、指定正味財産を同額だけ一般正味財産の部に振り替えることとなります。

```
(例) 当年度事業費等に充当する目的でＢ省から補助金2,000の交付を受けました。
  なお、当該補助金は事業年度末までに全額事業費に運用されています。
〔補助金受入時〕
    (現金預金) 2,000   (指定正味財産増減の部／受取国庫補助金) 2,000
    (資金勘定) 2,000   (補助金等収入／国庫補助金収入)          2,000
〔事業費支出時〕
    (一般正味財産増減の部／事業費) 2,000   (現金預金) 2,000
    (事業費支出／○○○○支出)      2,000   (資金勘定) 2,000
〔指定正味財産増減の部から一般正味財産の部への振り替え〕
    (指定正味財産増減の部／一般正味財産への振替額) 2,000
                        (一般正味財産増減の部／受取国庫補助金) 2,000
```

上記の処理を施すことによって、正味財産増減計算書の表示は、次のようなイメージになります。

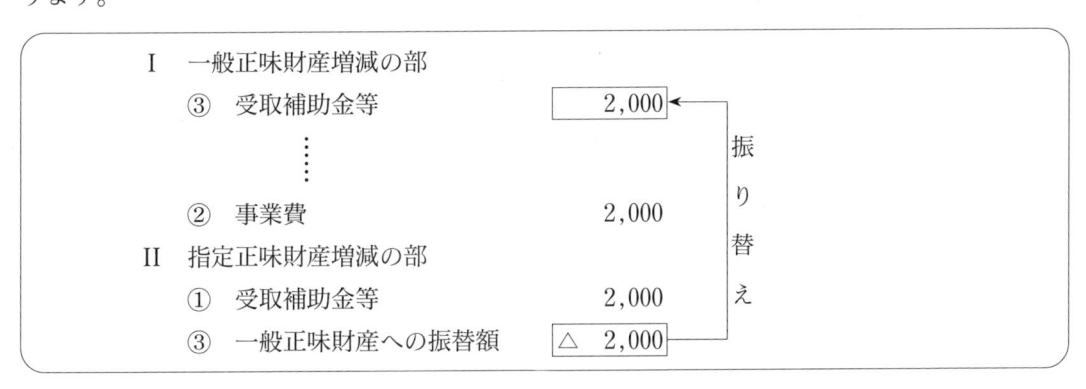

```
  Ⅰ  一般正味財産増減の部
       ③  受取補助金等           2,000  ←┐
         ⋮                                 │振
       ②  事業費                 2,000    │り
  Ⅱ  指定正味財産増減の部                  │替
       ①  受取補助金等           2,000    │え
       ③  一般正味財産への振替額 △2,000 ─┘
```

このような会計処理を行うことによって、寄附者等から特定の目的に使途が制限されている財源の利用痕跡が正味財産増減計算書上表面化し、利害関係者等からの牽制を与える情報の提供となります。

ところで、同会計処理を行う趣旨の裏腹には、実務上の煩雑さを誘引することがあります。新公益法人会計基準では、この点を配慮して、同一事業年度内に目的たる支出を行うことが予定されている場合には、指定正味財産増減の部に記載しないで、最初から一般正味財産増減の部に記載することができることとされています。

〔補助金受入時〕
（現金預金）2,000　　（一般正味財産の部／受取国庫補助金）2,000
（資金勘定）2,000　　（補助金等収入／国庫補助金収入）　2,000
〔事業費支出時〕
（一般正味財産の部／事業費）2,000　　（現金預金）2,000
（事業費支出／〇〇〇〇支出）2,000　　（資金勘定）2,000

しかしながら、この特例的な経理処理は、「同一事業年度内に目的たる支出を行うこと」を前提としており、この解釈運用を取り違えてはなりません。

たとえば、寄附者等からの使途の制約にしたがって、寄附を受けた事業年度内において目的事業で使用する固定資産を購入したとします。確かに、同一事業年度内に寄附財源を使用していますが、正味財産の増減原因（費用）に直結しなければ支出概念とは合致しません。固定資産の取得ケースは、その固定資産の帳簿価額が減価償却費として費用認識されたときに支出認識をすることになります。減価償却制度が耐用年数に応じた期間配分計算を求めている関係上、同一事業年度内における支出認識化の決着はできないということになります。そのため、減価償却費を計上する都度、本則どおり、一般正味財産への振替処理を実施することになります。

（例）C省から事業データ管理用サーバーを購入に充当する目的で2,000の補助金を受け、固定資産を購入しました。このサーバーの法定耐用年数は5年、減価償却費として当期は400計上します。
〔補助金受入時〕
（現金預金）2,000　　（指定正味財産増減の部／受取国庫補助金）2,000
（資金勘定）2,000　　（補助金等収入／国庫補助金収入）　2,000
〔サーバー購入時〕
（特定資産／什器備品）　　　　　2,000　　（現金預金）2,000
（特定資産取得支出／什器備品購入支出）2,000　　（資金勘定）2,000
〔減価償却費の計上及び指定正味財産増減の部から一般正味財産の部への振り替え〕
（一般正味財産増減の部／減価償却費）400　　（特定資産／什器備品）400
（指定正味財産増減の部／一般正味財産への振替額）400
　　　　　　　　　　　　（一般正味財産増減の部／受取国庫補助金）400

図表32　正味財産増減計算書の新旧勘定科目の比較

旧公益法人会計基準：フロー式		新公益法人会計基準	
大科目	中科目	大科目	中科目
		（一般正味財産増減の部）	
		経常収益	
基本財産運用収入		基本財産運用益	
	基本財産利息収入		基本財産受取利息
	基本財産配当金収入		基本財産受取配当金
	基本財産賃貸料収入		基本財産受取賃貸料
		特定資産運用益	
			特定資産受取利息
			特定資産受取配当金
入会金収入		受取入会金	
	入会金収入		受取入会金
会費収入		受取会費	
	正会員会費収入		正会員受取会費
	特別会員会費収入		特別会員受取会費
	賛助会員会費収入		賛助会員受取会費
事業収入		事業収益	
	○○事業収入		○○事業収益
補助金等収入		受取補助金等	
	国庫補助金収入		受取国庫補助金
	地方公共団体補助金収入		受取地方公共団体補助金
	民間補助金収入		受取民間補助金
	○○受託収入		○○受託収益
	国庫助成金収入		受取国庫助成金
	地方公共団体助成金収入		受取地方公共団体助成金
	民間助成金収入		受取民間助成金
負担金収入		受取負担金	
	負担金収入		受取負担金
寄付金収入		受取寄付金	
	寄付金収入		受取寄付金
	募金収入		募金収益
雑収入		雑収益	
	受取利息		受取利息
			有価証券運用益

旧公益法人会計基準：フロー式		新公益法人会計基準	
大科目	中科目	大科目	中科目
繰入金収入	**雑収入**	他会計からの繰入額	**雑収益**
	繰入金収入		**○○会計からの繰入額**
事業費		経常費用 　事業費	
	給料手当		給料手当
	臨時雇賃金		臨時雇賃金
	退職金		**退職給付費用**
	福利厚生費		福利厚生費
	旅費交通費		旅費交通費
	通信運搬費		通信運搬費
	減価償却額		減価償却費
	消耗什器備品費		消耗什器備品費
	消耗品費		消耗品費
	修繕費		修繕費
	印刷製本費		印刷製本費
	燃料費		燃料費
	光熱水料費		光熱水料費
	賃借料		賃借料
	保険料		保険料
	諸謝金		諸謝金
	租税公課		租税公課
	負担金支出		支払負担金
	助成金支出		支払助成金
	寄付金支出		支払寄付金
	委託費		委託費
	雑費		雑費
管理費		管理費	
	役員報酬		役員報酬
	給料手当		給料手当
	退職金		
	退職給与引当金繰入額		**退職給付費用**
	福利厚生費		福利厚生費
	会議費		会議費

旧公益法人会計基準：フロー式		新公益法人会計基準	
大科目	中科目	大科目	中科目
	旅費交通費		旅費交通費
	通信運搬費		通信運搬費
	減価償却額		減価償却費
	消耗什器備品費		消耗什器備品費
	消耗品費		消耗品費
	修繕費		修繕費
	印刷製本費		印刷製本費
	燃料費		燃料費
	光熱水料費		光熱水料費
	賃借料		賃借料
	保険料		保険料
	諸謝金		諸謝金
	租税公課		租税公課
	負担金支出		支払負担金
	寄付金支出		支払寄付金
	支払利息		支払利息
			有価証券運用損
	雑費		雑費
繰入金支出		他会計への繰出額	
	繰入金支出		○○会計への繰出額
		経常外収益	
		基本財産評価益	
			基本財産評価益
固定資産売却益		固定資産売却益	
	建物売却益		建物売却益
	車両運搬具売却益		車両運搬具売却益
	什器備品売却益		什器備品売却益
	土地売却益		土地売却益
	借地権売却益		借地権売却益
	電話加入権売却益		電話加入権売却益
	投資有価証券売却益		
固定資産受贈益		固定資産受贈益	
	土地受贈益		土地受贈益
	投資有価証券受贈益		投資有価証券受贈益

旧公益法人会計基準：フロー式		新公益法人会計基準	
大科目	中科目	大科目	中科目
固定資産売却損		経常外費用 　基本財産評価損 　固定資産売却損	**基本財産評価損**
	建物売却損		建物売却損
	車両運搬具売却損		車両運搬具売却損
	什器備品売却損		什器備品売却損
	土地売却損		土地売却損
	借地権売却損		借地権売却損
	電話加入権売却損		電話加入権売却損
	投資有価証券売却損		
災害損失額		災害損失	
	災害損失額		災害損失
基本財産収入		（指定正味財産増減の部） 受取補助金等	
	基本財産収入		受取国庫補助金
			受取地方公共団体補助金
			受取民間補助金
			受取国庫助成金
			受取地方公共団体助成金
			受取民間助成金
		受取負担金	
			受取負担金
		受取寄付金	
			受取寄付金
		固定資産受贈益	
			土地受贈益
			投資有価証券受贈益
		基本財産評価益	基本財産評価益
		特定資産評価益	特定資産評価益
		基本財産評価損	基本財産評価損
		特定資産評価損	特定資産評価損
		一般正味財産への振替額	**一般正味財産への振替額**

（5） 新公益法人会計基準による貸借対照表の作成

① 正味財産の部と固定資産の組み替え

　新公益法人会計基準では、貸借対照表の正味財産が区分無しから2区分（図表33参照）に、さらに固定資産が従来の2区分から3区分（図表34参照）とする変更が加えられています（図表35参照）。この表示区分の変更は、寄附者等から使途が制約されている財源及び利用が限定されている資産の期末現在高を開示することが目的であると推察されます。

　貸借対照表は、設立から現時点までの資産、負債及び正味財産の累積額であるため、取引の記録による影響としては累積額への増減が派生します。そのため、新公益会計基準適用初年度の期首残高については、固定資産と正味財産の部の組み替えを施してから、会計処理を始めることになります。

㋐ 期首正味財産の部の組み替え

　正味財産について過年度に受け入れたものは、新公益法人会計基準適用時に寄附者等の意思により制約されていることが明らかなものは指定正味財産の期首残高とし、それ以外のものは一般正味財産の期首残高とします。

　また、指定正味財産及び一般正味財産のカッコ内の「うち基本財産への充当額」と「うち特定資産への充当額」とは、基本財産又は特定資産の財源となっている部分の金額を開示す

図表33　期首正味財産の部の組み替え

〔従前の貸借対照表：正味財産の部〕		〔新貸借対照表：正味財産の部〕	
大科目	中科目	大科目	中科目
正味財産	正味財産 （うち基本金） （うち正味財産増加額） （うち正味財産減少額）	指定正味財産	国庫補助金 地方公共団体補助金 民間補助金 寄付金 （うち基本財産への充当額） （うち特定資産への充当額）
		一般正味財産	一般正味財産 （うち基本財産への充当額） （うち特定資産への充当額）

図表34　期首特定資産の組み替え

〔従来の貸借対照表：固定資産〕		〔新貸借対照表：固定資産〕	
固定資産 　基本財産	土地 建物 減価償却引当預金 投資有価証券	固定資産 　基本財産	土地 投資有価証券 減価償却引当資産 投資有価証券
		特定資産	退職給付引当資産 減価償却引当資産 ○○○○積立資産
その他固定資産	土地 建物 構築物 車両運搬具 什器備品 建設仮勘定 借地権 電話加入権 敷金 保証金 投資有価証券 退職給与引当預金 減価償却引当預金 ○○○○積立預金	その他固定資産	建物 構築物 車両運搬具 什器備品 土地 建設仮勘定 借地権 電話加入権 敷金 保証金 投資有価証券 子会社株式 関連会社株式

（注）　基本財産について減価償却を実施してきた財団法人が、これまで減価償却費相当の積立を行っていた減価償却引当資産については、新会計基準を適用した後においても、貸借対照表上の基本財産の区分に計上することになるため、特定資産の区分には計上しないことになります。
　　　また、新会計基準の適用後に新たに基本財産に対する減価償却引当資産を設定する場合についても同様です。

ることを目的としています。これにより、使途の制約されている寄附等の財源が、現在どのような資産として管理・構成されているか、固定資産（基本財産又は特定資産）の構成内容とリンクすることで明らかとなります。

　ところで、基本財産については、いつ、どのような経緯により基本財産とされたかを調べる必要があります。しかしながら、歴史の古い公益法人ほど、基本財産として計上されている資産が、どのような財源によって構成されているか分からないことがあります。このように経緯や財源が分からない場合は、少なくとも基本財産としたのが設立時なのか設立後なの

図表35　新旧貸借対照表の様式の比較

貸　借　対　照　表
平成　年　月　日現在

従来の公益法人会計基準	新公益法人会計基準
Ⅰ　資産の部 　1　流動資産 　　　…………………… 　　　　　流動資産合計 　2　固定資産 　　　基本財産 　　　　　…………………… 　　　　　…………………… 　　　　　基本財産合計 　　　その他の固定資産 　　　　　…………………… 　　　　　…………………… 　　　　　…………………… 　　　　　その他の固定資産合計 　　　　　固定資産合計 　　　　　資産合計 Ⅱ　負債の部 　1　流動負債 　　　…………………… 　　　　　流動負債合計 　　　　　　合　　計 　2　固定負債 　　　…………………… 　　　　　固定負債合計 　　　　　負債合計 　4　退職給与引当金繰入額 Ⅲ　正味財産の部 　　　正味財産 　　　（うち基本金） 　　　（うち当期正味財産増加額（減少額）） 　　　　　負債及び正味財産合計	Ⅰ　資産の部 　1．流動資産 　　　　現金預金 　　　　流動資産合計 　2．固定資産 　　　(1)　基本財産 　　　　基本財産合計 　　　(2)　特定資産 　　　　退職給付引当資産 　　　　特定資産合計 　　　(3)　その他固定資産 　　　　その他固定資産合計 　　　　固定資産合計 　　　　資産合計 Ⅱ　負債の部 　1．流動負債 　　　　未払金 　　　　流動負債合計 　2．固定負債 　　　　退職給付引当金 　　　　固定負債合計 　　　　負債合計 Ⅲ　正味財産の部 　1．指定正味財産 　　　　指定正味財産合計 　　　　（うち基本財産への充当額） 　　　　（うち特定資産への充当額） 　2．一般正味財産 　　　　（うち基本財産への充当額） 　　　　（うち特定資産への充当額） 　　　　正味財産合計 　　　　負債及び正味財産合計

かを明らかにして、設立時に基本財産としたものについては、その金額を指定正味財産にすることが適当であるとされています。これは、公益法人の設立時に基本財産としている場合は、設立時の寄附者等の意思を考慮して基本財産としたことが想定されるからです。

なお、正味財産の部の区分ために実施した調査手続きの結果、指定正味財産になると判断した資産がある場合には、その旨及び根拠を文書化して、理事会等の機関で承認を受けておく必要があります。

(イ) 期首特定資産の組み替え

特定資産とは、将来実施される計画の事業、固定資産の取得、退職金の支給、その他事業の遂行上必要な支出に備えるため、あらかじめ定められているルールに基づいてストックしている資産です。また、特定資産は、預金等の金融資産に運用されていることが多い傾向にあります。

積立財源は、外部からの寄附金等に限らず、自主財源により構成されることが多くあります。本来、公益法人における内部留保の目的は、将来における公益目的事業活動に必要な資金のストックです。そのため、内部留保資金については、潜在的に使途が限定されているといえます。このような事業運営思考をフォローするためには、資金の使途、積立金額、積立方法、取崩しのルールなどを内部規程等により明らかにすることで、資金の固定資産化を図る必要が生じることになります。

従来からこのような資金のストック概念は、特定預金と称され存していましたが、新公益法人会計基準があえて独立した表示区分を求めたことを勘案すると、本旨に即した特定資産であるか否かの牽制が強化されてくると感じられるところです。曖昧な管理化の特定資産であれば、その本旨は資金の振替にすぎず、実質は過度の内部留保であると認定されるのではないかと懸念されるところです。そのため、固定資産の組み替え時には、内部規程等の整備も合わせて検討することがベターです。

なお、特定資産のうち比較的ポピュラーなものとしては、将来における職員に対して支給する退職金財源として、退職給付引当資産を設定することです。この特定資産の設定根拠として、【参考No.3】退職給付引当資産積立取扱要領（サンプル）を掲げますので、内部規程等の整備の際ご参考にしてください。

特定資産、指定正味財産及び一般正味財産の新会計基準適用初年度の期首貸借対照表の残高組み替えの具体例を68ページに掲げてありますので、ご参考にしてください。

【参考No.3】退職給付引当資産積立取扱要領

(目的)
第1条　この要領は、財団法人（又は社団法人）○○協会の職員に対する退職給付引当資産として、適正な積立及び取崩しの基準を定めることとする。

(積立総額)
第2条　退職給付引当資産の積立総額は、退職金規程に基づき、当該事業年度中に本協会の職員が自己都合により退職したときに支払うべき退職金の要支給額に相当する金額とする。

(積立金額)
第3条　当該事業年度における退職給付引当資産への積立金額は、積立総額のうち前条に基づく自己都合による退職金の要支給額の当該事業年度の発生額とする。

(積立方法)
第4条　退職給付引当資産への積立は、当該事業年度の終了の日までに行うものとする。

(積立金融機関)
第5条　退職給付引当資産は、◎◎銀行□□支店に積み立てるものとする。金融機関を変更する場合は、理事会の承認を得るものとする。

(積立金の取崩)
第6条　退職給付引当資産は、職員が退職した場合に取崩すことができる。

(積立及び取崩の承認)
第7条　退職給付引当資産の積立及び取崩については、理事会の承認を得るものとする。

(退職以外の取崩)
第8条　前6条以外の事由により退職給付引当資産を取崩す場合においても、理事会の承認を得るものとする。

(細則)
第9条　この要領の実施に関し必要な事項は、理事会において定めるものとする。

具体例 特定資産、指定正味財産及び一般正味財産の新会計基準適用初年度の期首残高の組み替え

> 新公益法人会計基準適用初年度の旧基準固定資産の期首残高を財源に応じて4つに区分します

〔固定資産から指定正味財産及び一般正味財産への組み替え〕

科　目	期首残高	指定正味財産 寄附金等	一般正味財産 自己財源	負債対応	その他
基本財産					
土地	200,000	200,000			
建物	180,000	180,000			
減価償却引当預金	50,000		50,000		
減価償却累計額	△50,000	△50,000			
定期預金	20,000		20,000		
投資有価証券	100,000		100,000		
基本財産合計	500,000	330,000	170,000	0	0
その他固定資産					
土地	120,000	120,000			
建物	100,000	100,000			
什器備品	5,000				5,000
電話加入権	150				150
保証金	5,000				5,000
退職給与引当預金	25,000			25,000	
減価償却引当預金	42,000		42,000		
減価償却累計額	△42,000	△40,000			△2,000
その他固定資産合計	255,150	180,000	42,000	25,000	8,150
固定資産合計	755,150	510,000	212,000	25,000	8,150

- 注記で必要な区分です。
- 指定&一般のうち基本財産充当額の数値になります！
- 指定&一般のうち特定資産充当額の数値になります！
- 注記で必要な情報です。

〔その他固定資産の組み替え〕

その他固定資産	期首残高	新基準への組み替え	特定資産	その他
土地	120,000	土地	120,000	
建物	100,000	建物	100,000	
什器備品	5,000	什器備品		5,000
電話加入権	150	電話加入権		150
保証金	5,000	保証金		5,000
退職給与引当預金	25,000	退職給付引当資産	25,000	
減価償却引当預金	42,000	減価償却引当資産	42,000	
減価償却累計額	△42,000	減価償却累計額	△40,000	△2,000
その他固定資産合計	255,150	合計	247,000	8,150

第Ⅲ章　新公益法人会計基準の概要と移行準備手続き

〔組み替え後の期首固定資産〕

〔期首貸借対照表：固定資産〕	
基本財産	
土地	200,000
建物	180,000
減価償却引当預金	50,000
減価償却累計額	△50,000
定期預金	20,000
投資有価証券	100,000
基本財産合計	500,000
その他固定資産	
土地	120,000
建物	100,000
什器備品	5,000
電話加入権	150
保証金	5,000
退職給与引当預金	25,000
減価償却引当預金	42,000
減価償却累計額	△42,000
その他固定資産合計	255,150
固定資産合計	755,150

〔期首貸借対照表：固定資産〕	
基本財産	
土地	200,000
建物	180,000
減価償却引当資産	50,000
減価償却累計額	△50,000
定期預金	20,000
投資有価証券	100,000
基本財産合計	500,000
特定資産	
土地	120,000
建物	100,000
退職給与引当資産	25,000
減価償却引当資産	42,000
減価償却累計額	△40,000
特定資産合計	247,000
その他固定資産	
什器備品	5,000
電話加入権	150
保証金	5,000
減価償却累計額	△2,000
その他固定資産合計	8,150
固定資産合計	755,150

〔組み替え後の期首正味財産〕

〔期首貸借対照表：正味財産の部〕	
正味財産	800,000
（うち基本金）	(500,000)
（うち正味財産増加額）	（　―　）
（うち正味財産減少額）	（　―　）

〔期首貸借対照表：正味財産の部〕	
指定正味財産	
寄付金	510,000
（うち基本財産への充当額）	(330,000)
（うち特定資産への充当額）	(180,000)
一般正味財産	290,000
（うち基本財産への充当額）	(170,000)
（うち特定資産への充当額）	(42,000)

② 新しい貸借対照表の特徴点

新公益法人会計基準に基づく貸借対照表の様式は、上述①の正味財産の部と固定資産の区分の変更が最大の特徴となります。

その他様式変更上のテーマとしては、当年度と前年度との比較増減形式への対応となります（図表36参照）。新公益法人会計基準適用初年度は、前年度の貸借対照表が正味財産の部の２区分と固定資産の３区分がありません。しかし、期首の貸借対照表の組み替え作業によって整理をされた数値は、前年度の確定決算に基づく金額であるため、結果として、新公益法人会計基準の様式に基づく、前年度の数値情報を作成することになります。

図表36　貸借対照表の見出し

貸　借　対　照　表
平成　年　月　日現在

科　目	当年度	前年度	増減

③ 貸借対照表の総括表

一般会計のほか特別会計を設けている公益法人については、各会計単位の貸借対照表と法人全体の合計を記した総括表の作成が必要となります（図表37参照）。新公益法人会計基準における総括表の様式は、「内部取引消去」欄が設けられております。内部取引消去は、一般会計と特別会計、特別会計の間で発生した資産と負債を相殺消去する欄です。

これにより、同一法人内の会計間の資産と負債を除くことになり、純粋な外部取引により生じた資産と負債で総括されることになります。

④ 貸借対照表で使用する勘定科目

㈰ 公益法人会計基準に基づく勘定科目

財務諸表等に使用する勘定科目は、取引の内容をアピールするための適切な科目を使用することが主眼です。そのため、公益法人会計基準で掲げているものは、一般的、標準的なものであり、事業の種類、規模等に応じて科目を追加又は省略することができるとされています。財務諸表等が利害関係者に対する適切な会計情報の提供という目的であれば、勘定科目の名称を適宜変更し、又は小科目などを設けることは推奨される行為です。

新公益法人会計基準では、取引の記録方法として損益概念を基礎とし、かつ、寄附者等か

図表37　貸借対照表総括表の様式

> 会計間の振替取引を消去します！

貸借対照表総括表

平成　年　月　日現在

科　　目	一般会計	特別会計	特別会計	内部取引消去	合　計
Ⅰ　資産の部					
1．流動資産					
中科目別記載					
流動資産合計					
2．固定資産					
(1)　基本財産					
基本財産合計					
(2)　特定資産					
特定資産合計					
(3)　その他固定資産					
その他固定資産合計					
固定資産合計					
資産合計					
Ⅱ　負債の部					
1．流動負債					
中科目別記載					
流動負債合計					
2．固定負債					
中科目別記載					
固定負債合計					
負債合計					
Ⅲ　正味財産の部					
1．指定正味財産					
指定正味財産合計					
（うち基本財産への充当額）					
（うち特定資産への充当額）					
2．一般正味財産					
（うち基本財産への充当額）					
（うち特定資産への充当額）					
正味財産合計					
負債及び正味財産合計					

らの財源の提供に使途の制約を受けているものを明白にするように誘導しております。さらに、退職給付会計その他の新しい会計基準が採用されたことにより、これらの方向性の変化に即して勘定科目の整理が行われています（図表38参照）。

(イ) 新公益法人会計基準の勘定科目の特徴点

新旧公益法人会計基準の勘定科目のうち、特徴的な部分を取り上げたいと思います。

仕訳（例）は、新公益法人会計基準の損益仕訳を前提として、収支仕訳の考え方を示しました。そのため、便宜上、収支仕訳の相手科目は「資金勘定」を使用しています。この「資金勘定」は貸借平均原理を遵守するための便宜上の科目であって、帳簿管理等の必要性のないものです（貸借を合わせるためのダミーのようなもの）。

⑦ 貯蔵品

商品、製品、仕掛品、貯蔵品などは、棚卸資産と総括的に表現されます。収支概念では、資金の拠出を捉えるのみで棚卸しというものは存しません。しかしながら、損益概念では仕入商品等の販売をもって費用として捉えるため、在庫としている間は資産として認識することになります。

公益法人の会計慣行では、収益事業に係る部分を除いて、棚卸資産の認識を行っていないことが多く見受けられました。本来、簿外資産の存在は会計上許容すべきものではなく、収支会計を前提としているという理由だけでは矛盾を感じておりました。新旧公益法人会計基準では、損益会計を基礎とするため、「貯蔵品」の表記は棚卸しの認識を強調したものと考えられます。

なお、貯蔵品の使用は広範囲に及び、消耗品で貯蔵中のもの、切手や印紙のストック、カタログその他印刷物の在庫など、短期間で費消されるもの以外で金額に重要性のあるものは「貯蔵品」として資産計上することとされています。

> (例) 研修講座パンフレットは印刷製本費に計上されていますが、期末において○部3,000円相当が余っております。
> 　　（貯蔵品）3,000　　（印刷製本費）3,000
> 　　※　資金の増減を伴わないため、収支仕訳は発生しません。

④ 退職給付引当資産、減価償却引当資産その他積立資産

特定資産のうちポピュラーなものは、退職給付引当資産や減価償却引当資産です。一定のルールの下に、それぞれの資金の使途に応じてストックしている資金をいいます。その資金の使途が勘定科目の名称として表現されています。つまり、退職給付引当資産は職員等の退

職により支給する退職金財源、減価償却引当資産は減価償却資産の再投資に備えるための資金財源という意味合いです。さらに、小科目又は補助科目として、普通預金や定期預金など、具体的な運用管理がなされていることが通例です。

ところで、退職給付会計と退職給付引当資産とは、将来における職員の退職金の備えという点では共通のテーマですが、会計処理の目的は別のものです。退職給付会計は、職員等の潜在的な退職金支給債務を顕在化するための、いわば未払債務の計上処理です。それに対して退職給付引当資産は、将来における職員等の退職金の支給財源をストックするための、流動資金から固定預金等への振替処理です。両者を混同し、誤った財務諸表等の見方をされることを多く見受けますので、この点ご留意ください。

> (例) 職員等の退職給付債務3,000円が認識されたため、普通預金から退職給付引当資産の普通預金へ振替を行いました。
> 　　（特定資産／退職給付引当資産／普通預金）　3,000　　（現金預金）3,000
> 　　（投資活動支出／退職給付引当資産取得支出）　3,000　　（資金勘定）3,000

　㋒　退職給付引当金

新公益法人会計基準では、退職給付会計の適用を要請しております。しかし、同会計基準は、職員数が300人未満の公益法人等については、簡便的な退職給付債務の計上が許容されています。このボーダーによって、厳格な退職給付会計の採用はほとんどの公益法人が免れることになり、結果として従前から存している退職給与引当金制度と同様の処理を行うことになります。

また、上述㋑でも触れましたとおり、退職給付引当資産とは異なる目的で設定するものであるため、混同しないように留意する必要があります。

なお、退職給付会計は退職金の支給慣例が存する限り強制適用となりますが、退職給付引当資産の設定は公益法人の会計方針に準ずることになり強制されるものではありません。

> (例) 職員等の退職給与の期末要支給額を算出したところ、退職給付債務3,000円が認識されました。
> 　　（退職給付費用）3,000　　（固定負債／退職給付引当金）3,000
> 　　※　資金の増減を伴わないため、収支仕訳は発生しません。

上記経理処理で使用した「退職給付費用」は、いわば「引当金繰入額（費用）」です。そのため、馴染みのある「退職給付引当金繰入」等の勘定科目を採用することについては、私見ですが否定的ではありません。

ところで、上記退職給付会計は、理事等の役員に対する退職金を想定していないため、公

益法人内部の役員退職慰労規程に基づく、役員退職慰労引当金の設定を別途要することがあります。この場合には、上記の勘定科目及び経理処理とは別に、処理を行います。

> （例）役員退職慰労金規程に基づいて、役員退職慰労引当金の期末要支給額を算出したところ、役員退職慰労金給付債務3,000円が認識されました。
> 　　　（役員退職慰労引当金繰入）3,000　（固定負債／役員退職慰労引当金）3,000
> 　　　※　資金の増減を伴わないため、収支仕訳は発生しません。

　㊁　子会社株式及び関連会社株式

　子会社株式とは、公益法人が営利企業の全株式の2分の1を超える株式の保有を行っている場合のその営利企業の株式をいいます。また、関連会社株式とは、公益法人が営利企業の全株式の20％以上50％以下の株式の保有を行っている場合のその営利企業の株式をいいます。

　会社法においても、子会社株式及び関連会社株式は、独立した勘定科目で表示されるような法制がなされていることから、公益法人においても準拠したと考えられます。また、これらの株式は頻繁に売買されることはありませんが、仮に売買損益が発生した場合には、子会社株式売却損益及び関連会社株式売却損益として、正味財産増減計算書の経常外増減の部において、それぞれ単独の勘定科目で表示されることになると思われます。

> （例）子会社の増資払込みに応じて3,000円を出資しました。
> 　　　（その他固定資産／子会社株式）　　3,000　（現金預金）3,000
> 　　　（投資活動支出／子会社株式取得支出）3,000　（支払資金）3,000

図表38　貸借対照表の新旧勘定科目の比較

旧公益法人会計基準		新公益法人会計基準	
大科目	中科目	大科目	中科目
(資産の部)		(資産の部)	
流動資産		流動資産	
	現金預金		現金預金
	受取手形		受取手形
	未収会費		未収会費
	未収金		未収金
	前払金		前払金
	有価証券		有価証券
			貯蔵品
固定資産		固定資産	
基本財産		基本財産	
	土地		土地
	投資有価証券		投資有価証券
	建物		
		特定資産	
	退職給与引当預金		**退職給付引当資産**
	減価償却引当預金		**減価償却引当資産**
	○○○○積立預金		**○○○○積立資産**
その他固定資産		その他固定資産	
	建物		建物
	構築物		構築物
	車両運搬具		車両運搬具
	什器備品		什器備品
	土地		土地
	建設仮勘定		建設仮勘定
	借地権		借地権
	電話加入権		電話加入権
	敷金		敷金
	保証金		保証金
	投資有価証券		投資有価証券
			子会社株式
			関連会社株式

旧公益法人会計基準		新公益法人会計基準	
大科目	中科目	大科目	中科目
(負債の部)		(負債の部)	
流動負債		流動負債	
	支払手形		支払手形
	未払金		未払金
	前受金		前受金
	預り金		預り金
	短期借入金		短期借入金
固定負債		固定負債	
	長期借入金		長期借入金
	退職給与引当金		**退職給付引当金**
	受入保証金		受入保証金
(正味財産の部)		(正味財産の部)	
		指定正味財産	
			国庫補助金
			地方公共団体補助金
			民間補助金
			寄付金
			(うち基本財産への充当額)
			(うち特定資産への充当額)
正味財産		一般正味財産	
	正味財産		一般正味財産
	(うち基本金)		(うち基本財産への充当額)
	(うち正味財産増加額)		(うち特定資産への充当額)
	(うち正味財産減少額)		

第Ⅳ章　収支取引と損益取引との相違

（１）　収支予算書と収支計算書

①　収支予算書の作成意義

　新公益法人会計基準では、「収入及び支出は予算に基づいて行わなければならない」とし、収支予算書の策定を前提としています。さらに、収支予算書は、原則として、その事業年度の始まる以前に作成しなければなりません。

　予算には、「計画機能」、「調整機能」及び「統制機能」があると説明されています。

　計画機能とは、予算編成をすることで、事業の実施に対して、具体的な時期や規模を明らかにすることができる機能です。次に調整機能とは、予算が収入財源のもとに、法人内部の各事業部門からの要求に基づき、全体の調整を図ることができる機能です。最後に統制機能とは、収支予算管理簿、予算執行状況の報告等により、事業執行状況を適宜捉え、適切な対応をすることができる機能です。

　また、収支予算は事業計画の立案後、予算案を作成し、理事会等で審議の上成立します。この成立した収支予算書は、事業計画書とともに主務官庁に提出することになります。このように、公益法人の運営には、予算至上の立場を堅持しているため、内部管理上の書類とはいえ、重要な位置付けとなっています。

②　収支計算書による事績報告

　収支予算書が事業開始前の計画書類とみるならば、その事績結果を報告する書類が収支計算書となります。当初予算に比して収入不足や支出超過などが生じ、予算と著しく異なる結果となった場合には、その原因を追究することで、より効率的な事業運営への道標とする機能を有しています。

　収支計算書を読み取るためには、専門の会計用語が表す意味を把握する必要があります。「資金」、「資金の範囲」、「当期収支差額」、「次期繰越収支差額」等は、収支計算書の構造を理解する上で、極めて重要なことになります（図表39参照）。

図表39　資金と収支の関係

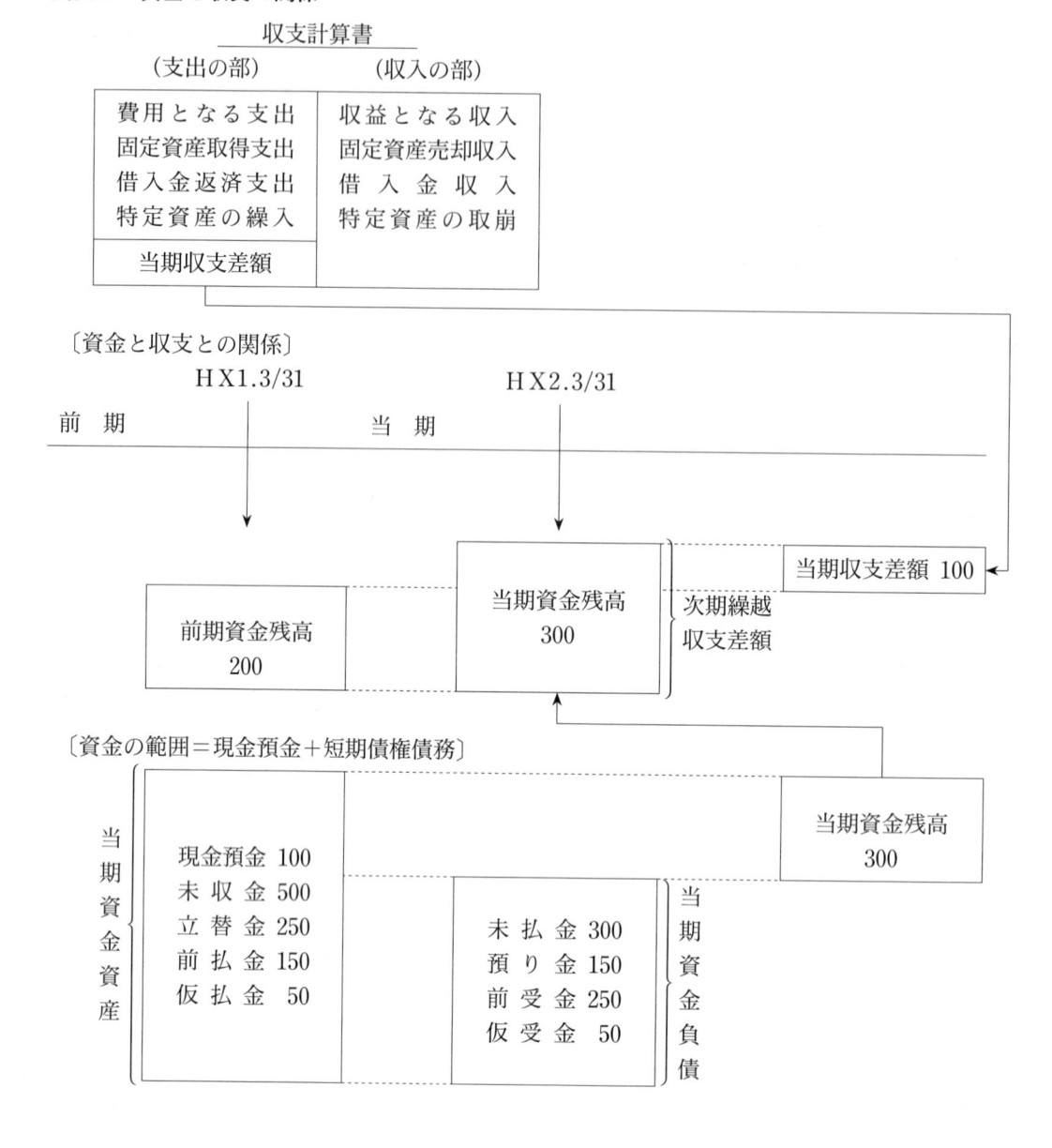

```
                    収支計算書
        (支出の部)        (収入の部)
    ┌─────────────┬─────────────┐
    │ 費用となる支出   │ 収益となる収入  │
    │ 固定資産取得支出 │ 固定資産売却収入│
    │ 借入金返済支出   │ 借入金収入      │
    │ 特定資産の繰入   │ 特定資産の取崩  │
    ├─────────────┴─────────────┤
    │ 当期収支差額     │             │
    └─────────────┘
```

〔資金と収支との関係〕

　　　　　　HX1.3/31　　　　　HX2.3/31
　前　期　　　　　　　当　期

　　　　　┌─────────┐　　┌─────────┐　　　　　　　　　　　┌──────────┐
　　　　　│前期資金残高│　　│当期資金残高│　次期繰越　　　│当期収支差額 100│
　　　　　│   200   │　　│   300   │　収支差額　　　└──────────┘
　　　　　└─────────┘　　└─────────┘

〔資金の範囲＝現金預金＋短期債権債務〕

　　　　　　　　　　　　　　　　　　　　　　　　　　　　　　　┌──────────┐
　　　　　　　　　　　　　　　　　　　　　　　　　　　　　　　│当期資金残高　│
　　　　　　　　　　　　　　　　　　　　　　　　　　　　　　　│   300   │
　　　　　　　　　　　　　　　　　　　　　　　　　　　　　　　└──────────┘

　当期資金資産
　　現金預金　100
　　未収金　　500
　　立替金　　250
　　前払金　　150
　　仮払金　　 50

　当期資金負債
　　未払金　　300
　　預り金　　150
　　前受金　　250
　　仮受金　　 50

③　資金と資金の範囲

　「資金」とは、支払いに充当できる資金（支払資金）を意味するものです。資金の範囲は法人が定めることになっていますが、おおむね現金預金及び短期債権債務が設定されます。予算に基づく公益法人の事業運営は、資金の流出入の反復によって行われ、その成果を図るための指標として収支計算書が活用されることになります。そのため、資金の範囲は、会計情報の根幹に影響を与えることになりますので、脚注での開示は必須となり、むやみな変更

は認められておりません。

　要するに、収支予算書又は収支計算書を作成する場合、資金項目と資金項目以外の項目との間の取引は、収入又は支出として計上することになります。逆に、資金項目相互間の取引については、これを単なる資金項目間の取引として認識するため、収入又は支出として計上しません。

（2） 収支取引から損益取引への変化

① 収支計算書と正味財産増減計算書の違い

　収支計算書と正味財産増減計算書は、様式の表面上のフォームを見比べてみると全く異なる計算書として捉えることができます。しかし、実際に作成したものを見比べてみると、双方の計算書類は勘定科目が類似し、さらにほとんどの金額が一致しているため、同じ書類であるかのような錯覚をしてしまいます。

　この印象は、あくまでも見た目だけのものであり、収支計算書は予算に基づく事業活動実績に基づき収支差額を誘導計算し、正味財産増減計算書は損益発生原因を基礎に正味財産の増減額を計算するものです。類似する原因は、主たる構成要素である「収益となる収入」と「費用となる支出」が双方認識されることによるものです。それゆえ、それ以外の要素を捉えることで、一先ず双方の計算書の異なる要因を理解することはできるでしょう。

　たとえば、車両を買い換えた場合、収支計算書は旧車両の下取収入と新車両の購入支出が計上されますが、正味財産増減計算書は旧車両の下取りに伴う売却損益（下取価額と帳簿価額との差額等）を認識するのみで損益に影響のない新車両の購入は反映されません。

　また、流動資金である普通預金から減価償却引当資産である普通預金へ資金の移動を行った場合には、収支計算書上、資金の減少を意味するため計上を必要とします。しかし、見方を変えれば、減価償却引当資産の増加は、単なる流動資産から固定資産への区分移動であり、損益には一切関係しないため正味財産増減計算書には計上しません。このように取引の整理範囲が異なる点においても、双方の計算書類は全く別物であるという点を理解することが必要です（図表40参照）。

図表40　収支計算書と正味財産増減計算書の構成内容

収支計算書		正味財産増減計算書	
（支出の部）	（収入の部）	（費用の部）	（収益の部）
費用となる支出 固定資産取得支出 特定資産の繰入 借入金返済支出	収益となる収入 固定資産売却収入 特定資産の取崩 借入金収入	費用となる支出 固定資産売却損	収益となる収入 固定資産売却益
当期収支差額		正味財産増加額	

② 間違えやすい収支取引と損益取引

　新公益法人会計基準への移行は、日常の会計処理を従前の収支取引主体から損益取引へシフトすることを意味します。とはいえ、しばらくの間は収支予算書及び収支計算書の作成、つまり収支取引の認識を行うことが要請されていますので、完全なるシフトではなく共存することになります。

　実務を理解する上では、両方の概念が混在している現状が、大きなハードルとなっているようです。そこで、理解のし難い取引をリストアップして、新旧公益法人会計基準を基礎に、収支取引と損益取引を整理してみることとします。

〔凡例〕
　収=収支計算書、貸=貸借対照表、⊗=便宜上使用する属性のないダミー科目
　ス=ストック式正味財産増減計算書、フ=フロー式正味財産増減計算書

(ア) 固定資産の売買

⑦ 什器備品525円で購入：特定資産なし

従　前：収支仕訳主体		収什器備品購入支出　525　／　貸現金預金　　　　　525
		貸什器備品　　　　　525　／　ス什器備品購入額　525
新基準	損益仕訳	貸什器備品　　　　　525　／　貸現金預金　　　　　525
	収支仕訳	収什器備品購入支出　525　／　⊗資金勘定　　　　　525

④ 什器備品525円で購入：特定資産あり

従　前：収支仕訳主体		ス減価償却引当預金取崩額　525　／　貸減価償却引当預金　　525
		貸現金預金　　　　　　　　525　／　収減価償却引当預金取崩収入　525
		収什器備品購入支出　　　　525　／　貸現金預金　　　　　　　525
		貸什器備品　　　　　　　　525　／　ス什器備品購入額　　　　525
新基準	損益仕訳	貸現金預金　　　　　　　　525　／　貸減価償却引当資産　　　525
		貸什器備品　　　　　　　　525　／　貸現金預金　　　　　　　525
	収支仕訳	⊗支払資金　　　　　　　　　　　／　収減価償却引当資産取崩収入　525
		収什器備品購入支出　　　　525　／　⊗資金勘定　　　　　　　525

【Point】
　減価償却引当資産の取崩処理と什器備品の購入処理を区分して考えます。

㋒　車両運搬具210円で売却：帳簿価額300円

従　前：収支仕訳主体		(貸)現金預金	210	(収)車両運搬具売却収入	210
		㋜車両運搬具売却額	300	(貸)車両運搬具	300
新基準	損益仕訳	(貸)現金預金	210	(貸)車両運搬具	300
		㋫車両運搬具売却損	90		
	収支仕訳	⊗資金勘定	210	(収)車両運搬具売却収入	210

【Point】

新基準損益仕訳では、譲渡収入210円が埋没してしまうので留意しなければなりません。

(イ)　退職給付引当金の設定

㋐　退職給付引当金100円の繰入：特定資産なし

従　前：収支仕訳主体		㋜退職給与引当金繰入額	100	(貸)退職給与引当金	100
新基準	損益仕訳	㋫退職給付費用	100	(貸)退職給付引当金	100
	収支仕訳	※　非資金間の取引であるため収支仕訳はありません。			

㋑　退職給付引当金100円の繰入：特定資産あり

従　前：収支仕訳主体		㋜退職給与引当金繰入額	100	(貸)退職給与引当金	100
		(収)退職給与引当預金支出	100	(貸)現金預金	100
		(貸)退職給与引当資産	100	㋜退職給与引当預金増加額	100
新基準	損益仕訳	㋫退職給付費用	100	(貸)退職給付引当金	100
		(貸)退職給付引当資産	100	(貸)現金預金	100
	収支仕訳	(収)退職給付引当資産取得支出	100	⊗資金勘定	100

【Point】

退職給付引当金の設定処理と退職給付引当資産の取得処理を区分して考えます。

(ウ)　退職金の支給

㋐　退職金400円の支給：特定資産なし

従　前：収支仕訳主体		(収)退職金	400	(貸)現金預金	400
新基準	損益仕訳	(貸)退職給付引当金	400	(貸)現金預金	400
	収支仕訳	(収)退職給付支出	400	⊗資金勘定	400

第Ⅳ章　収支取引と損益取引との相違

㋑　退職金400円の支給：特定資産あり

従　前：収支仕訳主体		㊅退職金　　　　　　　　　400　／　㊥現金預金　　　　　　　　400
		㊥現金預金　　　　　　　　400　／　㊅退職給与引当預金取崩収入　400 ㊀退職給与引当預金取崩額　400　／　㊥退職給与引当預金　　　　400 ㊥退職給与引当金　　　　　400　／　㊀退職給与引当金取崩額　　400
新基準	損益仕訳	㊥退職給付引当金　　　　　400　／　㊥現金預金　　　　　　　　400 ㊥現金預金　　　　　　　　400　／　㊥退職給付引当資産　　　　400
	収支仕訳	㊅退職給付支出　　　　　　400　／　⊗資金勘定　　　　　　　　400 ⊗資金勘定　　　　　　　　400　／　㊅退職給付引当資産取崩収入　400

【Point】
　退職金の支給処理と退職給付引当資産の取崩処理を区分して考えます。

㊃　借入金の発生と返済

㋐　長期借入金600円の発生

従　前：収支仕訳主体		㊥現金預金　　　　　　　　600　／　㊅長期借入金収入　　　　　600 ㊀長期借入金増加額　　　　600　／　㊥長期借入金　　　　　　　600
新基準	損益仕訳	㊥現金預金　　　　　　　　600　／　㊥長期借入金　　　　　　　600
	収支仕訳	⊗資金勘定　　　　　　　　600　／　㊅長期借入金収入　　　　　600

㋑　長期借入金600円の返済

従　前：収支仕訳主体		㊅長期借入金返済支出　　　600　／　㊥現金預金　　　　　　　　600 ㊥長期借入金　　　　　　　600　／　㊀長期借入金返済額　　　　600
新基準	損益仕訳	㊥長期借入金　　　　　　　600　／　㊥現金預金　　　　　　　　600
	収支仕訳	㊅長期借入金返済支出　　　600　／　⊗資金勘定　　　　　　　　600

第Ⅴ章　新公益法人会計基準に基づく特別な経理処理

（1）　減価償却制度と会計処理

①　新公益法人会計基準の取扱い

㈠　減価償却制度の概要

　固定資産のうち、時の経過により価値の減少する資産は、その投資コストを一時の費用として認識をせずに、資産の耐用年数等に応じて投資回収のための費用の期間配分の手続きを行います。これを減価償却と呼んでいます（図表41参照）。

　従前の公益法人会計基準では、公益法人の減価償却制度の適用有無は任意とされていましたが、新公益法人会計基準では減価償却費の計上が要請されております。そのため、これまで減価償却費の計上をしていなかった公益法人は、減価償却資産台帳を整備することが急務になっております。

　減価償却の償却方法には、定率法、定額法がポピュラーな手法となっています。また、償却方法のルールは、企業会計と税務会計で若干異なるところがあります。収益事業を営む公益法人が償却方法を選定するときは、実務上の混乱を避けるため、企業会計と税務会計の接点を見極めるとよいでしょう。

㈡　減価償却を実施していない法人の適用初年度の取扱い

　「公益法人会計基準の運用指針について　3．過年度年度分の減価償却費の取扱いについて」では、減価償却を行っていない資産を有する公益法人においては、原則として新会計基準適用初年度に過年度分の減価償却費を計上するとしています。

　減価償却制度については、新公益法人会計基準適用以後に採用するだけでは足りず、これまでに取得した減価償却資産についても計上しなければなりません。さらに、取得時期まで遡って正常に減価償却費を計上していたら、○○円減価償却費が費用計上されていたという金額を算出して、適用初年度に一気に計上するということになります（過年度分は原則経常外費用）。

図表41　減価償却制度のイメージ

〔減価償却資産の取得価額 50：毎期減価償却費 10〕

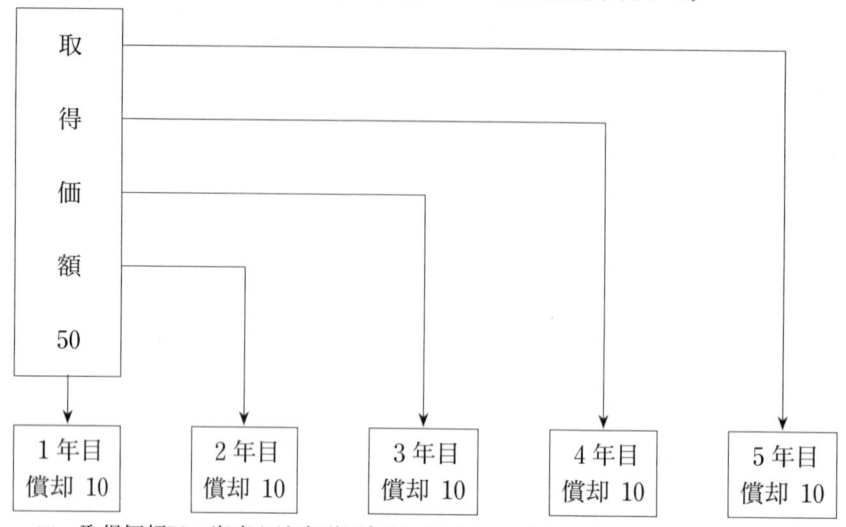

```
取得価額 50
  ├─→ 1年目 償却 10
  ├─→ 2年目 償却 10
  ├─→ 3年目 償却 10
  ├─→ 4年目 償却 10
  └─→ 5年目 償却 10
```

※　取得価額50の資産を法定耐用年数（5年）で費用に振り替えるため、毎期減価償却費10計上しています。

　ところが、この急激な方向転換によって、膨大な減価償却資産を所有する法人にとって多大な費用計上を強いることになり、正味財産の極端なマイナス要因となってしまいます。そこで、過年度分の減価償却費を一括して計上せず、新公益法人会計基準適用初年度の期首の帳簿価額を取得価額とみなして、その適用初年度を減価償却の初年度として、以後継続的に減価償却することも認めることとしています。

　この例外的な取扱いを適用する際の耐用年数は、新規に取得した場合の耐用年数から経過年数を控除した年数とするものとして、その旨を重要な会計方針として注記することになっております。

　会計上の理屈では、耐用年数から経過年数を控除して償却することは理想的ですが、この耐用年数の改定作業が事務負担の煩雑さを誘引し、税務上予定されている償却費と乖離することになってしまいます。そこで、平成18年4月1日以後開始する最初の事業年度の期首において所有する固定資産のうち、取得時から減価償却を実施せず、その後経過年数を考慮しない耐用年数で減価償却を実施しているものがある場合には、その資産の償却は従前の方法で継続して実施することができるとしています。

第Ⅴ章　新公益法人会計基準に基づく特別な経理処理

図表42　過年度分償却費の計上方法の選択

	償却費の計上	留意事項	
本則	過年度分減価償却費一括計上	原　　則	正味財産増減計算書／経常外費用
		重要性のない場合	正味財産増減計算書／経常費用
例外1	その後の減価償却費に含めて計上	〔注記の開示例〕 　固定資産の減価償却は、○○法によっている。 　ただし、従来、減価償却を行っていなかった固定資産については、新会計基準適用初年度の期首の帳簿価額を取得価額とみなし、適用初年度から実施することとした。 　この減価償却を実施するに際して、適用する耐用年数は、新規に取得した場合の耐用年数から経過年数を控除した年数によっている。	
例外2	過年度分としての償却費は計上しない	〔注記の開示例〕 　固定資産の減価償却は、○○法によっている。 　ただし、従来、減価償却を行っていなかった固定資産については、新会計基準適用初年度の期首の帳簿価額を取得価額とみなし、適用初年度から実施することとした。	

具体例　減価償却費の計上をしていない法人の処理（適用初年度平成19年度）

区　　分	取得年月	取得価額	耐用年数	償却方法
その他固定資産／什器備品	H18.4	6,000	5年（0.2）	定額法

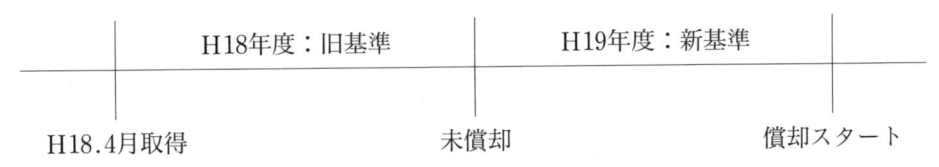

　　　　　　　├────H18年度：旧基準────┼────H19年度：新基準────

　H18.4月取得　　　　　　　　未償却　　　　　　　　　償却スタート

⑦　減価償却費の計上（本則）

a　減価償却費の計算

　　取得価額6,000×0.9×法定耐用年数5年償却率0.2＝1,080

b　過年度分（H18年度分）の減価償却費の計上

借　　方		貸　　方	
⑦経常外費用／ 過年度什器備品減価償却費	1,080	㋐その他固定資産／什器備品	1,080

　※　収支仕訳なし：特定資産の積立を実施する場合を除き、収支計算書には一切派生しない会計処理です（収支計算書の支出と正味財産増減計算書の費用の範囲が異なるケース）。

c 当年度分（H19年度分）の減価償却費の計上

借　　　方		貸　　　方	
⑦経常費用／什器備品減価償却費	1,080	⑮その他固定資産／什器備品	1,080

※　収支仕訳なし：特定資産の積立を実施する場合を除き、収支計算書には一切派生しない会計処理です（収支計算書の支出と正味財産増減計算書の費用の範囲が異なるケース）。

㋑　減価償却費の計上（例外１）

a　耐用年数の改訂

　　法定耐用年数５年－経過年数１年＝残存年数４年

b　減価償却費の計算

　　取得価額6,000×0.9×残存年数４年償却率0.25＝1,350

c　過年度分（H18年度分）の減価償却費の計上

借　　　方		貸　　　方	
経理処理なし	－	経理処理なし	－

d　当年度分（H19年度分）の減価償却費の計上

借　　　方		貸　　　方	
⑦経常費用／什器備品減価償却費	1,350	⑮その他固定資産／什器備品	1,350

※　収支仕訳なし：特定資産の積立を実施する場合を除き、収支計算書には一切派生しない会計処理です（収支計算書の支出と正味財産増減計算書の費用の範囲が異なるケース）。

㋒　減価償却費の計上（例外２）

a　減価償却費の計算

　　取得価額6,000×0.9×法定耐用年数５年償却率0.2＝1,080

b　過年度分（H18年度分）の減価償却費の計上

借　　　方		貸　　　方	
経理処理なし	－	経理処理なし	－

c　当年度分（H19年度分）の減価償却費の計上

借　　　方		貸　　　方	
⑦経常費用／什器備品減価償却費	1,080	⑮その他固定資産／什器備品	1,080

※　収支仕訳なし：特定資産の積立を実施する場合を除き、収支計算書には一切派生しない会計処理です（収支計算書の支出と正味財産増減計算書の費用の範囲が異なるケース）。

② 平成19年度税制改正／減価償却制度（法令48）

⑦ 改正の概要

平成19年度税制改正では、減価償却制度の大改革が行われ、特に償却方法については従来の概念とは一変しております（図表43参照）。

㋐ 償却可能限度額の廃止及び残存価額０％

減価償却制度は、投資資産のリセールバリューを考慮して、残存価額として償却費に計上できない金額を取得価額の原則として10％と定めておりました。減価償却制度の創設時から時間が経過し、リセールバリューが減少している実態を考慮して、償却費を95％まで許容する償却可能限度額制度が創設されました。ところが、この改正の際、残存価額10％は温存したため、事実上２つの残存価額を残す結果となりました。つまり、償却費の計算時には10％を残存価額とし、償却ができる範囲を取得価額の95％としたのです。さらに、この従来の償却方法では、法定耐用年数で償却が完了できない構造を持っているため、この点は償却制度の根幹の問題として指摘をされていました。

これらの矛盾点は、平成19年度の税制改正によって是正されました。まず、償却可能限度額95％は廃止され、簿外資産の存在を回避するため、１円の備忘価額を残すことになりました。また、残存価額は償却費の計算上０％となりました。

しかしながら、定額法の場合、残存価額10％はその計算式上から除外すれば足りるのですが、定率法については、償却率の計算上で残存価額10％を考慮しているため０％に改正されると数学上計算式が成り立たなくなってしまいます。そこで、定率法は250％定率法と呼ばれる新たな償却方法が定められ、この償却方法の改正により法定耐用年数で償却が完了できるように配慮されました。

㋑ 耐用年数の短縮

耐用年数のあり方については、従来から多くの場合実際の使用可能期間より長すぎると指摘を受けているテーマです。これは、平成20年度税制改正に盛り込まれました。平成19年度当時では、投資意欲衰退から国際競争力の後退している液晶等の分野について、緊急に対応を強いられている現状から、一定の製造設備の耐用年数を10年等から５年に改正することにしました。

㈽ 平成19年４月１日以後取得資産の新たな減価償却の方法（法令48の２）

平成19年度減価償却制度に関する改正の効果は、平成19年４月１日以後取得した資産とそ

図表43　減価償却制度の改正点

区　　分	改正前	改正後
①　平成19年4月1日以後取得資産の償却可能限度額	取得価額×95％相当額	廃止 （備忘価額1円）
②　平成19年3月31日以前取得資産の償却可能限度額		償却可能限度額まで償却した事業年度等の翌事業年度以後5年間均等償却（備忘価額1円）
③　償却方法算定上の残存価額	10％	0％⇒償却方法の改正 250％定率法（備忘価額1円）
④　耐用年数の短縮 機械及び装置の耐用年数表「173」及び「268の2」	・フラットパネルディスプレイ製造設備……10年 ・フラットパネル用フィルム材料製造設備……10年 ・半導体用フォトレジスト製造設備……8年	・フラットパネルディスプレイ製造設備……5年 ・フラットパネル用フィルム材料製造設備……5年 ・半導体用フォトレジスト製造設備……5年
⑤　償却資産税に関する留意点	固定資産税の償却資産については、資産課税としての性格を踏まえ、現行の評価方法を維持する。	

【参考：従来の償却方法】

〔定額法〕

算式：(取得価額－残存価額)×法定耐用年数に応じた定額法の償却率＝償却限度額

　　定額法償却率　：　$1/n$　（n＝法定耐用年数）

〔定率法〕

算式：(取得価額－既償却額)×法定耐用年数に応じた定率法の償却率＝償却限度額

　　定率法償却率　：　$1-\sqrt[n]{\dfrac{残存価額}{取得価額}}$　（n＝法定耐用年数）

　※　ルート内の分子が0％になったため、定率法償却率が算出できなくなった。

れ以前に取得した資産とで償却方法が二分化されることになりました。そこで、まずは、平成19年4月1日以後取得した資産に係る新たな償却方法を説明したいと思います（図表44参照）。

　⑦　新定額法の償却方法

　改正内容である残存価額0％及び耐用年数内での償却の完了については、償却方法の算式から残存価額を配慮していた0.9で乗じている部分を除去するだけで足ります。つまり、平成19年4月1日以後取得した資産で定額法を選定している場合には、取得価額に定額法の償却率を乗じて計算することになります。

　なお、定額法の償却率は1を法定耐用年数で除して計算しますが、旧定額法の償却率は割り切れないとき小数点以下3位未満の端数を切捨てとしていました。ところが、新定額法の償却率については、小数点以下3位未満の端数は切り上げとなっております。たとえば、耐用年数3年の場合、償却率（1÷3となる）は旧定額法0.333、新定額法0.334となります。そのため、使用する定額法償却率の表については、平成19年4月1日以後取得した資産とそれ以外の資産とでは異なることに留意してください。

　④　新定率法の償却方法

　定率法は期首帳簿価額に定率法償却率を乗じて算出することになります。この基本算式は新旧ともに変化はないのですが、期首帳簿価額に乗ずべき定率法償却率が一変しました。新定率法は、まず償却率を定額法償却率のおおむね2.5倍に変更しました。これにより、250％定率法と呼ばれております。アメリカやドイツがすでに同様の手法を採用（200％定率法又は2倍定率法）しており、わが国はその手法をアレンジしたものです。

　また、法定耐用年数内で償却を完了するための措置は、償却保証という償却費の最低保証額を設定して、基本的な算式で算出された定率法償却費が償却保証額を下回った場合には、その後の償却費は調整するというものです。この調整償却費は、償却保証額を下回った最初の事業年度期首帳簿価額をその後の年度の償却費計算の基礎として継続して採用され、その金額に改定償却率を乗じて算出するものです（図表45参照）。

㈦　平成19年3月31日以前取得資産の減価償却の方法（法令61①一イ②）

　平成19年度税制改正の施行前、すなわち平成19年3月31日以前に取得した資産については、やや変則的な償却費の計上を行います。

　まず、償却可能限度額95％に達するまでは、従前どおり、旧定額法又は旧定率法による償却費の計上を継続して実施します。償却可能限度額95％に達した事業年度の翌事業年度以後、

図表44 新定額法と新定率法の概要

区　分	内　　　　　容				
(1) 定額法	取　得　価　額　×　定額法償却率 ※　×0.9がありません！				
(2) 定率法	① 基本算式〔調整前償却額〕 期首（税務上）帳簿価額（取得価額－償却費の損金算入額）　×　定率法償却率（定額法償却率×2.5） ※　×定率法償却率がまったく異なります！ ② 償却保証の適用判定 (ア) 償却保証額 取　得　価　額　×　耐用年数に応じた保証率 (イ) 適用する場合 ① 調整前償却額　＜　②(ア) 償却保証額 ∴ 改定償却費の適用あり ③ 償却保証に基づく改定償却費 改定取得価額（調整直前の税務上期首帳簿価額）　×　改定償却率				

耐用年数	定額法の償却率	定率法の償却率	改定償却率	保証率
2年	0.500	1.000	—	—
3年	0.334	0.833	1.000	0.02789
4年	0.250	0.625	1.000	0.05274
5年	0.200	0.500	1.000	0.06249
6年	0.167	0.417	0.500	0.05776
7年	0.143	0.357	0.500	0.05496
8年	0.125	0.313	0.334	0.05111
9年	0.112	0.278	0.334	0.04731
10年	0.100	0.250	0.334	0.04448
11年	0.091	0.227	0.250	0.04123
12年	0.084	0.208	0.250	0.03870
13年	0.077	0.192	0.200	0.03633
14年	0.072	0.179	0.200	0.03389
15年	0.067	0.167	0.200	0.03217

別表第十《平成19年4月1日以後に取得をされた減価償却資産の償却率、改定償却率及び保証率の表》抜粋

第Ⅴ章 新公益法人会計基準に基づく特別な経理処理

図表45 新定率法の読解

【新定率法の読解】

区分	法定耐用年数	新定率法償却率	取得価額
	10年	0.250（①）	5,000,000（②）

経過年数	期首帳簿価額（③）	減価償却費	期末帳簿価額
1年	5,000,000	1,250,000	3,750,000
2年	3,750,000	937,500	2,812,500
3年	2,812,500	703,125	2,109,375
4年	2,109,375	527,343	1,582,032
5年	1,582,032	395,508	1,186,524
6年	1,186,524	296,631	889,893
7年	889,893	222,473	667,420
8年	⑦ 667,420	222,918	444,502
9年	444,502	222,918	221,584
10年	221,584	221,583	1
合計	—	4,999,999	—

区分	定率法償却率	償却保証率	改定償却率
	0.250（④）	0.04448（⑤）	0.334（⑥）

経過年数	定率法償却費（③×④）	償却保証額（②×⑤）	改定償却費（⑦×⑥）
1年	1,250,000	222,400	0
2年	937,500	222,400	0
3年	703,125	222,400	0
4年	527,343	222,400	0
5年	395,508	222,400	0
6年	296,631	222,400	0
7年	222,473	222,400	0
8年	166,855 ＜	222,400	222,918
9年	111,125	222,400	222,918
10年	55,396	222,400	221,582

償却保証額を下回る
↓
その経過年数の期首帳簿価額に改定償却率を乗じて改定償却費を計算する。
↓
その後の償却費は、残存価額1円に達するまで、その改定償却費を採用する。

図表46　償却可能限度額まで償却した後の減価償却シミュレーション

業種	法定耐用年数	定率法償却率	取得価額
製造業	10	0.206	10,000,000

経過年数	平成19年3月31日以前取得資産：旧定率法		
	期首帳簿価額	減価償却費	期末帳簿価額
1年	0	2,060,000	7,940,000
2年	7,940,000	1,635,640	6,304,360
3年	6,304,360	1,298,698	5,005,662
4年	5,005,662	1,031,166	3,974,496
5年	3,974,496	818,746	3,155,750
6年	3,155,750	650,084	2,505,666
7年	2,505,666	516,167	1,989,499
8年	1,989,499	409,836	1,579,663
9年	1,579,663	325,410	1,254,253
10年	1,254,253	258,376	995,877
11年	995,877	205,150	790,727
12年	790,727	162,889	627,838
13年	**627,838**	**127,838**	**500,000**
14年	500,000	※ 100,000	400,000
15年	400,000	※ 100,000	300,000
16年	300,000	※ 100,000	200,000
17年	200,000	※ 100,000	100,000
18年	100,000	99,999	1

※　法令上の算式では、6年目に4円の償却が必要となってしまいます。そのため、5年目にプラス4円の償却費を計上するか、毎期1円未満の端数切り上げを行うことになると考えられます。

次に掲げる算式により計算した金額を償却費として計上することになります（5年均等償却、図表46参照）。

算式　償却可能限度額95％まで償却した事業年度等の翌事業年度以後の減価償却

$$\{取得価額-(取得価額\times 95\%+1円)\} \times \frac{その事業年度の月数（12）}{60}$$

たとえば、平成20年3月決算期の場合には、平成19年3月期の決算で償却可能限度額95％に達している資産について、5年均等償却がスタートすることになります。

(エ) 償却方法の選定

　減価償却資産の償却方法の選定については、税法上と会計上との考え方が必ずしも一致しておりません。収益事業を営む公益法人は、両者の償却方法の選定範囲を十分理解して、不一致部分に干渉しないように償却方法を選定することが、実務上はベターと言えます。

③　税法上の償却方法の選定

(ア)　基本的な取扱い

　減価償却資産の償却方法は、新たに収益事業を開始した日の属する確定申告書の提出期限までに、資産の種類ごとに定められている定額法、定率法その他選択が可能な償却方法を選定して届け出ることになっています。この場合において、償却方法の選定の届出書を提出しなかった法人については、法律で定められている償却方法を選定したものとして取り扱われることになります（法定償却方法）。

　公益法人が採用している償却方法と、税法上の償却方法とが異なる場合には、償却費の過不足額が生じて、申告所得の変動をきたし、わずらわしいことになります。そのため、税法上の償却方法で会計処理規程を定めておくか、会計処理規程に合わせて税法上の償却方法を変更することが必要となります。

　この場合において、減価償却費の償却方法として選定した、又は選定しなかったため法定償却方法とされた公益法人が償却方法を変更するときは、変更しようとする事業年度の開始の日の前日までに変更申請書を提出して、承認を受けなければなりません。

(イ)　平成19年度税制改正による特別な取扱い

　この度の改正によって、選定することができる償却方法が図表47のとおりに整備されております。

㋐　減価償却資産の償却方法の選定

　法人は、平成19年4月1日以後に取得をされた減価償却資産の償却方法について、平成19年3月31日以前に取得をされたものと区分された上で選定し、確定申告書の提出期限までに、その有する減価償却資産と同一の区分に属する減価償却資産に係るその区分ごとに採用する償却方法を記載した「減価償却資産の償却方法の届出書」を納税地の所轄税務署長に届け出ることとされています（令51①②）。

㋑　償却方法のみなし選定

　平成19年3月31日以前に取得をされた減価償却資産について、「旧定額法」、「旧定率法」

図表47　税法上の償却方法の選定範囲

① 平成19年3月31日以前に取得をされた減価償却資産（法令48）

区　　分	償却方法
イ　平成10年3月31日以前に取得をされた建物	旧定額法、旧定率法
ロ　上記イ以外の建物（ニを除く）	旧定額法
ハ　建物以外の有形減価償却資産（ニ及びトを除く）	旧定額法、旧定率法
ニ　鉱業用減価償却資産（ヘ及びトを除く）	旧定額法、旧定率法、旧生産高比例法
ホ　無形減価償却資産（ヘを除く）、生物	旧定額法
ヘ　鉱業権	旧定額法、旧生産高比例法
ト　国外リース資産	旧国外リース期間定額法（注）
（注）リース契約が平成20年3月31日までに締結されたものに限る。	
【法定償却方法】（新法令53一） 　㋑　上記イ及びハに掲げる資産　……　旧定率法 　㋺　上記ニ及びヘに掲げる資産　……　旧生産高比例法	

② 平成19年4月1日以後に取得をされた減価償却資産（法令48の2）

区　　分	償却方法
イ　建物（ハ及びヘを除く）	定額法
ロ　建物以外の有形減価償却資産（ハ及びヘを除く）	定額法、定率法
ハ　鉱業用減価償却資産（ホ及びヘを除く）	定額法、定率法、生産高比例法
ニ　無形減価償却資産（ホ及びヘを除く）、生物	定額法
ホ　鉱業権	定額法、生産高比例法
ヘ　所有権移転外リース資産	リース期間定額法（注）
（注）所有権移転外リース取引に係る契約が平成20年4月1日以後に締結されたものに限る。	
【法定償却方法】（新法令53二） 　㋑　上記ロに掲げる資産　……　定率法 　㋺　上記ハ及びホに掲げる資産　……　生産高比例法	

第Ⅴ章　新公益法人会計基準に基づく特別な経理処理

又は「旧生産高比例法」を選定している場合において、平成19年4月1日以後に取得をされた減価償却資産で、同日前に取得をされたとしたならば、平成19年3月31日以前に取得をされた資産と同一の区分に属するものについては、上記㋐の届出書を提出していないときは、それぞれが選定していた償却方法の区分に応じた選定をしたとみなされ、それぞれ「定額法」、「定率法」又は「生産高比例法」を適用することとなります（令51③）。

　㋒　法定償却方法

「減価償却資産の償却方法の届出書」の提出をしていない場合で、上記㋑に該当しないときには、平成19年4月1日以後に取得をされた減価償却資産の償却方法は、法定償却方法を適用することとなります（令53）。したがって、たとえば、機械及び装置の法定償却方法は定率法ですので、定率法以外に選定可能な償却方法として定額法の選定を希望される場合は、上記㋐の届出書を提出する必要があります。

　上記㋐、㋑及び㋒により、償却方法の届出に関する取扱いは、次のとおりに整理されることになります。

〔△要届出、◎届出不要〕

区　　分		平成19年4月1日以後の取得資産で同一の区分に属するものと同視できるもの			
		定額法	定率法	生産高比例法	その他
平成19年3月31日以前の取得資産	旧定額法	◎	△	△	△
	旧定率法	△	◎	△	△
	旧生産高比例法	△	△	◎	△
	その他	△	△	△	△

　㋓　減価償却資産の償却方法の変更手続きに関する経過措置

　　a　みなし承認

　平成19年4月1日以後最初に終了する事業年度において、法人が選定した償却方法等を変更しようとするときは、その事業年度に係る確定申告書の提出期限までに変更の理由等を記載した届出書を納税地の所轄税務署長に提出すれば、その届出書の提出をもって償却方法の変更の承認があったものとみなされます（改正令附則11③）。

　なお、平成19年4月1日以後最初に終了する事業年度の翌事業年度以後においては、「減価償却資産の償却方法の変更承認申請書」については、従前どおり、新たな償却方法を採用しようとする事業年度開始の日の前日までに提出することとなりますので、ご注意ください。

b　届出書の記載方法等

　上記のみなし承認を受けたいときは、届出書の様式として「減価償却資産の償却方法の変更承認申請書」を利用し、法律上で定められている一定の事項を記載して、納税地の所轄税務署長に提出することとなります（改正令附則11③、改正規則附則3）。

④　会計上の償却方法の選定

　「減価償却に関する当面の監査上の取扱い／日本公認会計士協会」では、償却方法の税制改正に対して、図表48に掲げるとおりの規範を公開しております。

　図表中に表現されている、①「会計方針の変更／正当理由に該当」とは税制改正に基づく選定として問題がなく、②「会計方針の変更／正当理由に非該当」とは税制改正のみを選定理由とすることを問題とし、③「会計方針の変更には当たらない」とは何ら問題がないことを意味します。

　また、新規取得資産とは、平成19年4月1日以後取得した資産をいい、既存資産とは、平成19年3月31日以前に取得した資産をいいます。

第Ⅴ章　新公益法人会計基準に基づく特別な経理処理

図表48　会計上の償却方法の選定範囲

区　分	従来の方法	今後採用する方法			
		新定率法	旧定率法	新定額法	旧定額法
新規取得資産	―	（A）	（B）	（C）	（D）
既存資産	旧定率法	（E）	（F）継続	（G）	（H）
	旧定額法	（I）	（J）	（K）	（L）継続

① 既存資産と新規取得資産との組み合わせ

| 既存資産＝旧定率法（F）AND 新規取得資産＝新定率法（A） |
| 既存資産＝旧定額法（L）AND 新規取得資産＝新定額法（C） |

⇒ 会計方針の変更　正当理由に該当

※　この組み合わせは会計上と税法上とのギャップが生じない選定パターンです。

| 既存資産＝旧定率法（F）AND 新規取得資産＝新定額法（C） |
| 既存資産＝旧定率法（F）AND 新規取得資産＝旧定額法（L） |

⇒ 会計方針の変更　正当理由非該当

※　上段は、税法上問題はありませんが、会計上税制の改正を理由に変更できません。

| 既存資産＝旧定率法（F）AND 新規取得資産＝旧定率法（B） |
| 既存資産＝旧定額法（L）AND 新規取得資産＝旧定額法（D） |

⇒ 会計方針の変更には当たらない

※　税法上新規取得資産に旧償却方法を選定できませんが、償却不足となるため結果として問題になりません。

② 既存資産についての償却方法の変更

| 既存資産＝旧定率法　AFTER　新定率法（E） |
| 既存資産＝旧定率法　AFTER　新定額法（G） |
| 既存資産＝旧定率法　AFTER　旧定額法（H） |

⇒ 会計方針の変更　正当理由非該当

| 既存資産＝旧定額法　AFTER　新定率法（I） |
| 既存資産＝旧定額法　AFTER　旧定率法（J） |
| 既存資産＝旧定額法　AFTER　新定額法（K） |

⇒ 会計方針の変更　正当理由非該当

③ 既存資産の残存簿価について

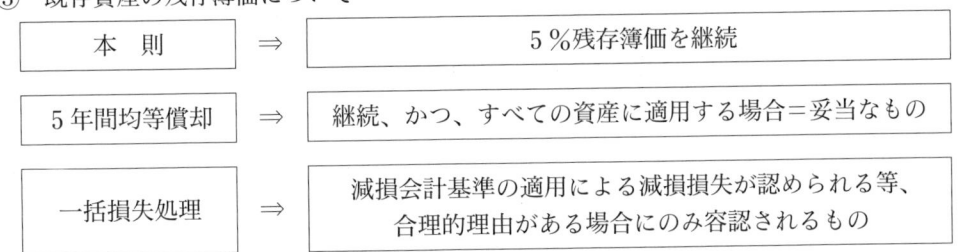

本　則	⇒	５％残存簿価を継続
５年間均等償却	⇒	継続、かつ、すべての資産に適用する場合＝妥当なもの
一括損失処理	⇒	減損会計基準の適用による減損損失が認められる等、合理的理由がある場合にのみ容認されるもの

（2） 退職給付会計と会計処理

① 退職給付会計制度の概要

　退職金の支給慣例は、わが国にとって定着されているところであり、法人によっては給与規程等の中に盛り込み、職員等の退職時に支給を約束している法人も多く見受けます。

　退職金は退職時に一時支給されるケースがほとんどであるため、法人にとっては、高額な資金の負担が強いられ、かつ、正味財産の急激な下落を誘引するものとなっています。確かに退職金の支給は退職時に実現するものですが、その発生原因は職員等の長年の勤務によるものであり、勤務期間中に徐々に積み上がっているものと考えることができます。そこで、将来において発生する潜在的な負担（退職給付債務）を毎期見積もり、費用（退職給付費用）計上するとともに、負債（退職給付引当金）として貸借対照表上顕在化させようというのが退職給付会計採用の趣旨となります。

　退職するまでに毎期積み上がる退職給付債務は、毎事業年度末において準備すべき金額を数理計算する必要があり、この計算は専門性が高いため、実務上は保険会社等の機関で算定依頼をすることになります。これによるとコスト負担がテーマとなる等、退職給付会計の定着に対して足かせとなることから、原則として職員数が300人未満の公益法人について簡便的な計算方法を認めています。この簡便計算は、退職金規程等に基づいて計算された自己都合退職による期末退職給与の要支給額が、期末貸借対照表の退職給付引当金残高となるように退職給付費用を設定するというものです。

　なお、この簡便計算が認められている公益法人の範囲については、「公益法人会計基準の運用指針について　8．退職給付会計における退職給付債務の期末要支給額による算定について」において、職員数が300人以上であっても、年齢や勤務時間に偏りがあるなどにより、数理計算結果に一定の高い水準の信頼性が得られない公益法人や原則的な方法により算定した場合の額と期末要支給額との差異に重要性が乏しいと考えられる公益法人について簡便計算の拡大適用を認めています。

② 退職給付会計を実施していない法人の適用初年度の取扱い

　「公益法人会計基準に関する実務指針／退職給付会計とその会計処理　3．退職給付会計とその会計処理」では、退職金の支給慣例がありながら、退職給付会計を採用していない公益法人について、原則として新会計基準適用初年度に過年度分の退職給付債務（会計基準変

更時差異）を計上することとしています。

　この退職給付会計の導入に伴う会計基準変更時差異については、新公益法人会計基準の運用指針2で、「平成18年4月1日以後開始する最初の事業年度から15年以内の一定の年数にわたり定額法により費用処理するものとする。」として、一時の費用計上を緩和する会計処理を本則としています。

　また、企業会計では、この会計基準変更時差異について、過年度における引当金の過不足修正額として前期損益修正の性格もあると判断され、会計基準変更時差異の費用処理期間が短期間（原則として5年以内）で、かつ、当該費用処理額に金額的重要性がある場合には、特別損益項目として計上することができるものとされています。公益法人においても同様の処理を要請しており、費用処理期間が短期間（原則として5年以内）で、かつ、金額的重要性がある場合には、正味財産増減計算書の「経常外増減の部」に計上することができるものとしています（図表49参照）。

　なお、税法上は、収益事業に係る退職給付会計による費用処理を損金不算入としており、申告上の損益計算書に退職給付費用を計上すると否認されてしまいます。

図表49　過年度分退職給付費用の計上方法の選択

	償却費の計上	留意事項	
本則	過年度退職給付費用 15年分割計上	正味財産増減計算書／経常費用	
例外	過年度退職給付費用 一括又は5年以下分割計上	原　　　則	正味財産増減計算書／経常外費用
		重要性のない場合	正味財産増減計算書／経常費用

具体例　退職給付会計導入に伴う会計基準変更時差異の取扱い

| 前期末退職給与要支給額 | 2,500 | 前期末退職給付引当金残高 | 1,000 |

※　引当金を設定する際の費用科目：「退職給付費用」、「退職給付引当金繰入」等

(ア)　会計基準変更時差異の計算

2,500 － 1,000 ＝ 1,500

(イ)　15年費用処理の場合

1,500 ÷ 15年 ＝ 100（1年当たりの費用処理額）

借　　　方		貸　　　方	
⑦経常費用／退職給付費用	100	⑭退職給付引当金	100

※　収支仕訳なし：特定資産の積立を実施する場合を除き、収支計算書には一切派生しない会計処理です（収支計算書の支出と正味財産増減計算書の費用の範囲が異なるケース）。

(ウ)　一括費用処理の場合

　イ　重要性がない場合

借　　　方		貸　　　方	
⑦経常費用／退職給付費用	1,500	⑭退職給付引当金	1,500

※　収支仕訳なし：特定資産の積立を実施する場合を除き、収支計算書には一切派生しない会計処理です（収支計算書の支出と正味財産増減計算書の費用の範囲が異なるケース）。

　ロ　重要性がある場合

借　　　方		貸　　　方	
⑦経常外費用／退職給付費用	1,500	⑭退職給付引当金	1,500

※　収支仕訳なし：特定資産の積立を実施する場合を除き、収支計算書には一切派生しない会計処理です（収支計算書の支出と正味財産増減計算書の費用の範囲が異なるケース）。

(エ)　参考：退職金400の支給（引当金の設定300）：特定資産あり

(注)　退職金の資金財源を確保するための退職給付資産の設定は、強制されているものではありません。

新基準：損益仕訳	⑭退職給付引当金　　300	⑭現金預金　　　　　400
	⑦退職給与金（※）　100	
	⑭現金預金　　　　　400	⑭退職給付引当資産　400
新基準：収支仕訳	⑯退職給付支出　　　400	⊗資金勘定　　　　　400
	⊗資金勘定　　　　　400	⑯退職給付引当資産取崩収入　400

※　退職給付引当金を支給額となる400円取り崩す処理も考えられますが、引当金の設定超過支給分100円をこの例のように適宜の勘定科目で費用処理することもあります。

(3) 有価証券の評価と会計処理

① 有価証券の期末評価

有価証券の期末評価については、企業会計に採用されている金融商品の時価会計に準じた処理が導入されています。

新公益法人会計基準では、有価証券を①満期保有目的の債券、②子会社株式及び関連会社株式、③満期保有目的の債券並びに子会社株式及び関連会社株式以外の有価証券の三種類に区分して、それぞれの貸借対照表に付すべき価額について定めています（図表50参照）。なお、満期保有目的の債券とは、償還期間の存する国債、地方債等で、その償還期間の満了するときまで保有する目的で取得した有価証券をいいます。

② 保有目的の区分と変更

㋐ 満期保有目的の意義

公益法人が所有する有価証券は、満期保有目的の債券又は市場価格のあるその他有価証券であることが一般的です。ここで満期保有目的の債券とは、あらかじめ償還期日が定められ、額面金額による償還が予定されているものを前提としており、さらに所有者が満期まで所有意思を持つことが必要となります。

たとえば、市場金利や為替相場の変動等によっては、売却することが予測される場合、又は資金計画の事情によっては継続保有が困難であると認められる場合には、満期保有目的の

図表50　有価証券の貸借対照表価額

分類		貸借対照表価額	評価差額
満期保有目的の債券		償却原価法に基づく価額	償却原価法による差額／経常損益
子会社株式及び関連会社株式		取得価額	該当なし
その他有価証券	市場価格あり	時　価	評価差額／経常損益
	市場価格なし	取得価額	該当なし

※　指定正味財産に区分される寄付によって受け入れた有価証券を時価又は償却原価で評価する場合には、従前の帳簿価額との差額は、正味財産増減計算書上、指定正味財産増減の部に記載することになります。

債券として整理することができません。

　(イ)　保有目的の変更

　満期保有目的の債券は償却原価法に基づく貸借対照表価額を計上することになり、市場価格のあるその他有価証券は時価法に基づく貸借対照表価額を計上することになるため、両者の区分は有価証券の管理上、及び財務諸表等の作成上大きな影響が生じます。これにより、有価証券の所有目的は、恣意的な会計操作を回避するため、正当な理由がなければ保有区分の変更等をすることができません。

　仮に、一旦満期保有目的の債券に分類された債券を、償還期限前に売却を行った場合には、残りのすべての債券についてその他有価証券等に振り替えなければならなくなります。さらに保有目的の変更を行った事業年度と翌事業年度においては、取得した債券を満期保有目的の債券に区分することができなくなります。

　ただし、①債権の発行者の信用状態の著しい悪化、②税法上の優遇措置の廃止、③重要な合併又は事業譲渡に伴うポートフォリオの変更、④法令の改正又は規制の廃止、⑤監督官庁の規制・指導、⑥自己資本比率等を算定する上で使用するリスクウェイトの変更、⑦債券の売却が満期日に極めて近い時点で行われているとき、⑧割賦償還等により取得時の元本のうちの大部分が償還された銘柄について残りを売却したとき、⑨その他予期できなかった売却又は保有目的の変更をせざるを得ない所有者に起因しない事象の発生により売却又は区分変更した場合には、問題にはなりません。

③　有価証券の評価損益を計上する場合の正味財産増減計算書の表示区分及び科目

　一般正味財産として保有する有価証券について評価損益を計上する場合において、上記①その他有価証券の区分に応じて、貸借対照表価額を時価（時価法）にするため、正味財産増減計算書に計上される費用又は収益は、経常増減の部に表示されることになります。また、有価証券の区分に関係なく、時価の著しい下落（帳簿価額×50％＞時価）があった場合には、減損処理の対象となるため、正味財産増減計算書に計上される評価損益は、経常外増減の部に表示されることになります（図表51参照）。

　なお、正味財産増減計算書に有価証券の評価損益を計上した場合には、経常増減の部（一般正味財産増減の部）、経常外増減の部（一般正味財産増減の部）、指定正味財産増減の部の各区分で「基本財産評価損益」、「特定資産評価損益」、「投資有価証券評価損益」、「有価証券評価損益」の科目ごとに表示し、それぞれの損益は相殺表示することになります。

図表51　有価証券の評価損益の表示と勘定科目

表示区分	評価損益	減損損失	資産計上区分と評価損益の計上
時価法適用 市場価格有	経常増減の部	経常外増減の部	基本財産　　……基本財産評価損益 特定資産　　……特定資産評価損益
原価法適用 市場価格無		経常外増減の部	投資有価証券……投資有価証券評価損益 有価証券　　……有価証券評価損益

④　償却原価法の会計処理

　償却原価法は、満期保有目的の債券を債券金額より低い価額又は高い価額で取得した場合において、取得価額と債券金額との差額の性格が金利の調整と認められるときに、その差額を保有期間にわたって受取利息処理（加算又は減算）により期間配分する方法です。また、償却原価法には、利息法と定額法の二種類の手法があり、利息法が原則的な手法で、定額法は継続適用を要件として認められているものです。利息法は算出が煩雑であるため、実務上では償還期限まで均等に分割する簡易な定額法の採用が主流になっているようです（税法上では利息法の適用を認めていません）。

　ところで、取得価額と債券金額との差額が金利の調整と認められないときは、満期保有目的の債券について、償却原価法を採用しないことになります。しかしながら、この金利の調整と認められない差額が発生する原因は、債券の発行元である会社が信用不安に陥り、債券金額が暴落した際に生ずるもの等と考えられますので、実務的に金利の調整と認められない差額が生じるのはレアケースとなるでしょう。

　また、重要性がない場合には、償却原価法の採用をしなくてもよいとされています。しかしながら、監査の専門家の適切な判定の下に算出される重要性の基準値は、取引規模等により総合的に判断されるもので、一般的な数値として指標が存するわけではありません。そのため、取得価額と債券金額との差額が、よほど僅少な額でない限り、満期保有目的の債券は償却原価法を採用することになるでしょう。

具体例	指定正味財産に区分される寄附によって受け入れた基本財産としての満期保有目的の債券について償却原価法を適用する場合

〔債券金額より低い価額で取得した場合：基本財産／投資有価証券（指定正味財産）〕

額面	単価	約定金額	償還期間
10,000	95	9,500	5年満期

年度区分	自	至	日数	定額法の基礎500
平成20年3月期	4月1日	3月31日	365	100
平成21年3月期	4月1日	3月31日	365	100
平成22年3月期	4月1日	3月31日	365	100
平成23年3月期	4月1日	3月31日	365	100
平成24年3月期	4月1日	3月31日	365	100
計			1,825	500

① 受取利息200を受け取った場合

借方：貸借対照表	貸方：正味財産増減計算書	金額
現金預金	指定正味財産／基本財産運用益／基本資産受取利息	200

② 上記①受取利息200の一般正味財産増減の部への振替

借方：正味財産増減計算書	貸方：正味財産増減計算書	金額
指定正味財産／一般正味財産への振替額	一般正味財産／基本財産運用益／基本資産受取利息	200

③ 当年度末償却原価法適用

借方：貸借対照表	貸方：正味財産増減計算書	金額
基本財産／投資有価証券	指定正味財産／基本財産運用益／基本資産受取利息	100

指定正味財産に区分される寄附によって受け入れた有価証券について償却原価法を採用する場合には、正味財産増減計算書の指定正味財産増減の部において受取利息処理（加算又は減算）することを意味しています。

第Ⅴ章 新公益法人会計基準に基づく特別な経理処理

具体例 一般正味財産から充当された基本財産としての満期保有目的の債券について償却原価法を適用する場合

〔債券金額より高い価額で取得した場合：基本財産／投資有価証券（一般正味財産）〕

額面	単価	約定金額	償還期間
10,000	105	10,500	5年満期

年度区分	自	至	日数	定額法の基礎500
平成20年3月期	4月1日	3月31日	365	100
平成21年3月期	4月1日	3月31日	365	100
平成22年3月期	4月1日	3月31日	365	100
平成23年3月期	4月1日	3月31日	365	100
平成24年3月期	4月1日	3月31日	365	100
計			1,825	500

① 受取利息300を受け取った場合

借方：貸借対照表	貸方：正味財産増減計算書	金額
現金預金	一般正味財産／基本財産運用益／基本資産受取利息	300

② 当年度末償却原価法適用

借方：正味財産増減計算書	貸方：貸借対照表	金額
一般正味財産／基本財産運用益／基本資産受取利息	基本財産／投資有価証券	100

※ 収益の借方処理となります。

　一般正味財産から充当された基本財産としての満期保有目的の債券について償却原価法を適用する場合の会計処理は、正味財産増減計算書の一般正味財産増減の部において基本財産運用益処理（加算又は減算）を行うことになります。

⑤ 新公益法人会計基準適用初年度における有価証券の取扱い

「公益法人会計基準の運用指針について」では、過年度から保有している有価証券に係る時価法又は償却原価法の適用による会計基準変更時差異の取扱いについて定めています（図表52参照）。

前事業年度末の帳簿価額と時価との差額に係る時価法に基づく評価損益は、原則として経常外損益に計上することとし、重要性が乏しい場合には経常損益への計上を認めています。

また、満期保有目的の債券に係る償却原価法の採用は、取得時まで遡って償却原価法を適用する方法と適用初年度の期首から満期日までの期間にわたって償却する方法との選択適用を認めています。

図表52　時価法・償却原価法に基づく会計基準変更時差異の取扱い

1．一般正味財産を充当した資産として所有している有価証券	
①　時価評価が適用される有価証券	(ｱ)　本則……新会計基準適用初年度の前事業年度末の帳簿価額と前事業年度末の時価の差額は、適用初年度において正味財産増減計算書の経常外収益又は経常外費用とする。 (ｲ)　重要性が乏しい場合……経常収益又は経常費用
②　償却原価法が適用される有価証券	次のいずれかの方法によるものとする。 (ｱ)　取得時まで遡って償却原価法を適用する方法 　㋐　過年度分……経常外収益又は経常外費用 　㋑　重要性が乏しい場合……経常収益又は経常費用 (ｲ)　新会計基準適用初年度の期首の帳簿価額を取得価額とみなして、当該適用初年度の期首から満期日までの期間にわたって償却する方法
2．指定正味財産を充当した資産として所有している有価証券	
①　時価評価が適用される有価証券	(ｱ)　本則……新会計基準適用初年度の前事業年度末の帳簿価額と前事業年度末の時価の差額は、原則として過年度分として当事業年度分と区分して表示する。 (ｲ)　重要性が乏しい場合……一括して表示することができる。
②　償却原価法が適用される有価証券	次のいずれかの方法によるものとする。 (ｱ)　取得時まで遡って償却原価法を適用する方法 　㋐　過年度分……当事業年度分と区分して表示する。 　㋑　重要性が乏しい場合……一括して表示することができる。 (ｲ)　新会計基準適用初年度の期首の帳簿価額を取得価額とみなして、当該適用初年度の期首から満期日までの期間にわたって償却する方法

第Ⅴ章　新公益法人会計基準に基づく特別な経理処理

具体例　償却原価法導入に伴う会計基準変更時差異の取扱い

〔その他固定資産／投資有価証券（一般正味財産）〕

額面	単価	約定金額	償還期間
10,000	95	9,500	5年満期

年度区分	自	至	日数	定額法の基礎500	
平成19年3月期	6月21日	3月31日	284	78	
平成20年3月期	4月1日	3月31日	365	100	118
平成21年3月期	4月1日	3月31日	365	100	118
平成22年3月期	4月1日	3月31日	365	100	118
平成23年3月期	4月1日	3月31日	365	100	118
平成24年3月期	4月1日	6月20日	81	22	28
計			1,825	500	500

※　各事業年度の償却原価法（定額法）に基づく配分金額の算定は、上記のような日割りではなく、1月未満を1月とする月割り配分でも基本的に問題はないと思われます。

① 取得時まで遡って償却原価法を適用する方法

(ア) 過年度分の処理〔平成19年3月期〕

⑦ 重要性がない場合

借方：貸借対照表		貸方：正味財産増減計算書	
投資有価証券	78	経常収益／投資有価証券運用益／受取利息	78

※　収支仕訳なし：原則として収支計算書には一切派生しない会計処理です（収支計算書の支出と正味財産増減計算書の収益の範囲が異なるケース）。

④ 重要性がある場合

借方：貸借対照表		貸方：正味財産増減計算書	
投資有価証券	78	経常外収益／投資有価証券運用益／受取利息	78

※　収支仕訳なし：原則として収支計算書には一切派生しない会計処理です（収支計算書の支出と正味財産増減計算書の収益の範囲が異なるケース）。

(イ) 当年度分の処理〔平成20年3月期〕

借方：貸借対照表		貸方：正味財産増減計算書	
投資有価証券	100	経常収益／投資有価証券運用益／受取利息	100

※　収支仕訳なし：原則として収支計算書には一切派生しない会計処理です（収支計算書の支出と正味財産増減計算書の収益の範囲が異なるケース）。

②　新会計基準適用初年度の期首から満期日までの期間にわたって償却する方法

当年度分の処理〔平成20年3月期〕

借方：貸借対照表		貸方：正味財産増減計算書	
投資有価証券	118	経常収益／投資有価証券運用益／受取利息	118

※　収支仕訳なし：原則として収支計算書には一切派生しない会計処理です（収支計算書の支出と正味財産増減計算書の収益の範囲が異なるケース）。

第Ⅵ章　脚注表示の変更

　新公益法人会計基準では、財務諸表等に対する注記事項が拡充されております。注記事項の開示のための整備は、財務諸表等の作成に携わっている担当者の方にとって、最後の仕上げとなるものです。注記事項の拡充によって、その作業に要する時間を想定し、必要情報をあらかじめ収集しておくことが肝要となります。
　この章では、財務諸表等の注記事項について、記載例等を用いながらポイントとなる点を掲げていきたいと思います。

1　財務諸表に対する注記

1．重要な会計方針

(1) 有価証券の評価基準及び評価方法

記載例	①　満期保有目的の債券 　　償却原価法（定額法）によっている。 ②　その他の有価証券 　㈲　時価のあるもの 　　　期末日の市場価格等に基づく時価法（売却原価は移動平均法により算定）によっている。 　㈵　時価のないもの 　　　移動平均法による原価法によっている。

【Point】
　会計処理規程等に定められている有価証券の評価方法等を記載します。
　収益事業を営む公益法人で、有価証券の評価が収益事業に係る損益計算書に派生する場合には、確定申告書において税務上の評価方法による損益との差異の調整等を施す必要性を検討します。そのため、法人の会計方針と税務上の評価方法を同一の評価方法とするための選定又は変更する手続きを実施したほうがベターです。
　なお、法人が有価証券の譲渡原価の基礎となる評価方法について選定をしなかった場合（＝税務署に届出をしなかった場合）における税務上の法定評価方法は、移動平均法に基

111

づく原価法となります。

(2) 棚卸資産の評価基準及び評価方法

記載例	先入先出法による低価法によっている。

【Point】

会計処理規程等に定められている評価方法等を記載します。

収益事業を営む公益法人で、棚卸資産の評価が収益事業に係る損益計算書に派生する場合には、確定申告書において税務上の評価方法による損益との差異の調整等を施す必要性を検討します。そのため、法人の会計方針と税務上の評価方法を同一の評価方法とするための選定又は変更する手続きを実施したほうがベターです。

なお、法人が棚卸資産の期末評価方法について選定をしなかった場合（＝税務署に届出をしなかった場合）における税務上の法定評価方法は、最終仕入原価法に基づく原価法となります。

(3) 固定資産の減価償却の方法

記載例	① 有形固定資産……法人税法の規定による定額法によっている。 ② 無形固定資産……法人税法の規定による定額法によっている。

【Point】

会計処理規程等に定められている評価方法等を記載します。

減価償却を適用していなかった公益法人については、下記に掲げるような注記を付す必要があります。

『　ただし、従来、減価償却を行っていなかった固定資産については、新会計基準適用初年度の期首の帳簿価額を取得価額とみなし、適用初年度から実施することとした。

　この減価償却を実施するに際して、適用する耐用年数は、新規に取得した場合の耐用年数から経過年数を控除した年数によっている。』

収益事業を営む公益法人で、固定資産の減価償却の方法が収益事業に係る損益計算書に派生する場合には、確定申告書において税務上の償却方法に基づいて算出される償却限度額を超過する計上額の調整を施す必要があります。そのため、法人の会計方針と税務上の償却方法を同一の償却方法とするための選定又は変更する手続きを実施したほうがベターです。

なお、償却方法を選定していない公益法人（＝税務署に届出をしなかった場合）に係る税務上の法定償却方法は、建物以外の有形減価償却資産は定率法、鉱業用減価償却資産及び鉱業権は生産高比例法となります。

(4) 引当金の計上基準

記載例	① 貸倒引当金 　債権の貸倒れによる損失に備えるため、一般債権について法人税法の規定による法定繰入率により計上するほか、個々の債権の回収可能性を勘案して計上している。 ② 賞与引当金 　職員の賞与支給に備えるため、給与規程の支給対象期間に基づく支給見込額の当期負担分を計上している。 ③ 退職給付引当金 　職員の退職給付に備えるため、退職金規程に基づく期末要支給額により計上している。

【Point】
　公益法人に係る会計慣例では、貸倒引当金及び賞与引当金の設定意識は低いと感じています。新公益法人会計基準では、損益会計が強調されたといえるため、これらの引当金の計上も今後検討すべきでしょう。
　収益事業を営む公益法人で、引当金の計上が収益事業に係る損益計算書に派生する場合には、貸倒引当金は税務上の繰入限度額までが損金の額に算入され、それ以外の引当金はすべて損金不算入となるため、確定申告書において調整等を施す必要があります。

(5) リース取引の処理方法

リース取引は、下記の体系のとおり分類することができます。

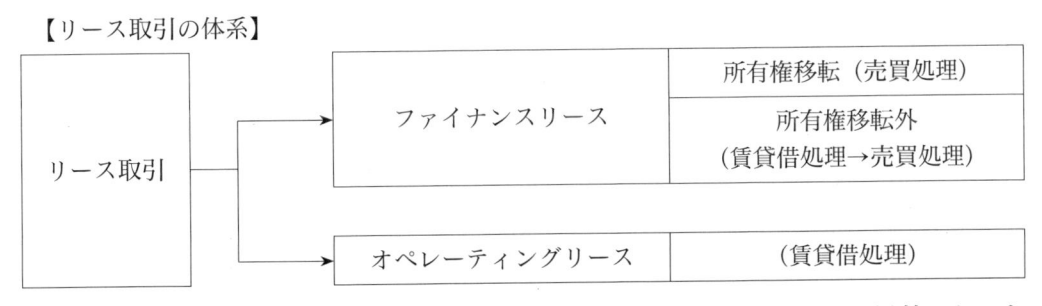

【リース取引の体系】

リース取引	ファイナンスリース	所有権移転（売買処理）
		所有権移転外 （賃貸借処理→売買処理）
	オペレーティングリース	（賃貸借処理）

所有権移転外ファイナンスリース取引とは、次のいずれかに該当するもの以外のものをいいます。つまり、次のいずれかに該当するものは、所有権移転ファイナンスリース取引と同様の性格となります。

① リース取引の目的資産が無償又は名目的な対価の額で賃借人に譲渡されるものであること。
② 目的資産を著しく有利な価額で買い取る権利が与えられているものであること。
③ 目的資産の種類、用途、設置の状況等に照らし、使用可能期間中賃借人によってのみに使用されると見込まれるものであること、又は目的資産の識別が困難であると認められるものであること。
④ リース期間が目的資産の耐用年数に比して相当短いものであること。

平成20年4月1日以後締結する所有権移転外ファイナンスリース取引については、売買に準じて会計処理をすることになります。つまり、リース物件を契約締結時に資産認識をして、リース期間定額法に基づいて減価償却計算を実施します。

【リース期間定額法】

$$\left(\text{リース資産の取得価額} - \text{残価保証額} \right) \times \frac{\text{その事業年度におけるリース資産のリース期間の月数}}{\text{リース資産のリース期間の月数}}$$

(注) 残価保証額とは、リース期間終了の時に、リース資産の処分価額が所有権移転外リース取引に係る契約において定められている保証額に満たない場合に、その満たない部分の金額を当該取引に係る賃借人が、その賃貸人に支払うこととされている場合における、当該保証額をいいます。

【所有権移転外ファイナンスリース取引に係る会計処理のイメージ】

〔前 提〕
　① リース資産：5,000,000円
　② 年間リース料：1,075,000円（うち利息75,000円）
　③ リース期間：5年
〔会計処理〕
　① 契約締結時
　　（リース資産）5,000,000　　（リース債務）5,000,000
　② リース料の支払
　　（リース債務）1,000,000　　（現金預金）1,075,000
　　（支払利息）　 75,000
　③ 決算時
　　（減価償却費）1,000,000　　（リース資産）1,000,000

ただし、リース会計基準ではリース費用総額が300万円以下であるなど、重要性がない場合には、引き続き通常の賃貸借取引に係る方法に準じた会計処理によることを認めています（税法上は売買として取り扱います。）。

	リース物件の所有権が借主に移転するもの以外のファイナンス・リース取引については、通常の賃貸借取引に係る方法に準じた会計処理によっている。
記載例	〔ファイナンス・リース取引関係〕 ① リース物件の取得価額相当額、減価償却累計額相当額及び期末残高相当額 | 区　分 | 什器備品 | |---|---| | 取得価額相当額 | 円 | | 減価償却累計額相当額 | 円 | | 期末残高相当額 | 円 | ② 未経過リース料期末残高相当額 | 区　分 | 1年以内 | 1年超 | 合　計 | |---|---|---|---| | 未経過リース料期末残高相当額 | | | | ③ 当期の支払リース料、減価償却費相当額及び支払利息相当額 | 区　分 | 什器備品 | |---|---| | 当期の支払リース料 | 円 | | 減価償却費相当額 | 円 | | 支払利息相当額 | 円 | ④ 減価償却費相当額の算定方法は、リース期間定額法によっています。 ⑤ 利息相当額の算定方法は、リース料総額とリース資産計上価額との差額を利息相当額とし、各期への配分方法については利息法（又は定額法）によっています。 〔オペレーティング・リース関係〕 未経過リース料 | 区　分 | 1年以内 | 1年超 | 合　計 | |---|---|---|---| | 未経過リース料 | | | |

【Point】

　平成20年4月1日以後締結する所有権移転外ファイナンスリース取引については、売買に準じて会計処理をすることになります。そのため、上記注記記載例は、原則として、平成20年3月31日以前に締結した所有権移転外ファイナンスリース取引についての会計情報となります。

　リース期間が一年未満のリース取引及び企業の事業内容に照らして重要性の乏しいリース取引でリース契約一件当たりの金額が少額なリース取引については、「リース物件の所有権が借主に移転するもの以外のファイナンス・リース取引については、通常の賃貸借取引に係る方法に準じた会計処理によっています。」の注記のみで足ります。

(6) 消費税等の会計処理

記載例	消費税等の会計処理は、税抜方式（又は税込方式）によっています。
	〔資産に係る控除対象外消費税があるとき〕 ① 資産に係る控除対象外消費税を発生事業年度の費用として処理することとしている場合 　消費税の会計処理は、税抜方式によっています。ただし、資産に係る控除対象外消費税は発生事業年度の費用として処理しています。 ② 資産に係る控除対象外消費税を資産の取得価額に算入することとしている場合 　消費税の会計処理は、税抜方式によっています。ただし、資産に係る控除対象外消費税は個々の資産の取得価額に算入しています。

【Point】

会計処理規程等に定められている会計処理を記載します。

資産に係る控除対象外消費税の金額が重要でない場合は、記載例〔資産に係る控除対象外消費税があるとき〕のただし書の記載を省略することができます。

2．会計方針の変更

記載例	従来棚卸資産の期末評価方法については最終仕入原価法による原価法を採用していたが、価額変動による影響を的確に反映させるため、当期から先入先出法による低価法に変更した。 この変更による影響は軽微である。

【Point】

会計方針の変更により、財務諸表に与える影響が大きい場合には、その具体的な数値を開示します。

『この結果、経常外収益、経常外増減額及び当期正味財産増加額が○○円増加している。』

棚卸資産の評価に関する会計基準が改正されることになっております。また、この改正は平成20年4月1日以後開始する事業年度から適用されます。そのため、棚卸資産を有する公益法人は、会計基準の変更を検討しなければなりません。

【会計基準の改正】

区　分	旧会計基準	新会計基準
(イ) 評価方法	原価法／低価法　いずれかを選択	低価法一本化
(ロ) 低価法の評価額	原則：正味売却価額	同　左
	例外：再調達原価等	

3．基本財産及び特定資産の増減額及びその残高

〔記載例〕 基本財産及び特定資産の増減額及びその残高は、次のとおりです。

科　目	前期末残高	当期増加額	当期減少額	当期末残高
基本財産				
定期預金	0	50,000		50,000
投資有価証券	800,000		50,000	750,000
小　　計	800,000	50,000	50,000	800,000
特定資産				
退職給付引当資産	500,000	100,000		600,000
減価償却引当資産	1,382,500	17,500		1,400,000
小　　計	1,882,500	117,500	0	2,000,000
合　　計	2,682,500	167,500	50,000	2,800,000

【Point】

① 基本財産／定期預金が50,000円増加して、投資有価証券が同額減少しているため、投資有価証券が満期を迎え又は売却されて、その代金で定期預金に組み替えられたことが読み取れます。基本財産の処分であれば、適正な手続きを経た上で実施されたものであるか、収支計算書で償還又は売却収入と取得支出が表示されているか等の確認事項となります。

② 特定資産／退職給付引当資産100,000円と減価償却引当資産17,500円が当期増加欄に記載されていることから、収支計算書で取得支出が表示されているか等の確認事項となります。また、当期減少欄の記載がないことから、退職金の支給及び減価償却資産の取得がないことが読み取れます。

③ 基本財産及び特定資産期末残高欄の金額は、貸借対照表の期末残高と一致します。

④ この脚注により、当期中において、公益法人の財政基盤について如何なる変動があったかを確認することができます。

4．基本財産及び特定資産の財源等の内訳

〔記載例〕 基本財産及び特定資産の財源等の内訳は、次のとおりです。

科　目	当期末残高	(うち指定正味財産からの充当額)	(うち一般正味財産からの充当額)	(うち負債に対応する額)
基本財産				
定期預金	50,000	(50,000)	―	―
投資有価証券	750,000	―	(750,000)	―
小　計	800,000	(50,000)	(750,000)	(0)
特定資産				
退職給付引当資産	600,000	―	―	(600,000)
減価償却引当資産	1,400,000	―	(1,400,000)	―
小　計	2,000,000	(0)	(1,400,000)	(600,000)
合　計	2,800,000	(50,000)	(2,150,000)	(600,000)

【Point】

① 基本財産／定期預金50,000円は使途が制約されている寄附金等を財源としているものであり、投資有価証券750,000円は自主財源により組み入れられたものであることが読み取れます。

② 特定資産／退職給付引当資産600,000円が負債に対応する額であるため、貸借対照表の負債の部に退職給付引当金の設定があると読み取ることができます。その退職給付引当金が退職給付引当資産に比して同額以下であれば、将来の退職金の備えは万全であると理解できます。また、減価償却引当資産1,400,000円が自主財源により確保されていますが、その金額が減価償却累計額以上であれば、再投資の備えとして十分であると判断されます。

③ うち書の分類は、貸借対照表の借方属性である特定資産が、貸方属性である正味財産（指定正味財産又は一般正味財産）又は負債のいずれの対応関係を有するかを分類しております。正味財産との対応関係にあれば繰越収支差額（言わば剰余金）の目的別資金のストック状況を示唆し、負債との対応関係にあれば費用化された潜在債務に対する資金の担保を表現することになります。

④ この脚注により、公益法人の財政基盤がどのような財源によって構成されているかを確認することができます。

5．担保に供している資産

| 記載例 | 土地×××円（帳簿価額）及び建物×××円（帳簿価額）は、長期借入金×××円の担保に供している。 |

【Point】

　資金調達の際、固定資産等を担保に供しているという行為は、貸借対照表ではオフバランスとなるため、脚注で開示しなければ読み取れません。公益法人の有する資産について、担保提供等がなされているという事実は、極めて重要な会計情報となります。

6．固定資産の取得価額、減価償却累計額及び当期末残高

〔記載例〕　固定資産の取得価額、減価償却累計額及び当期末残高は、次のとおりです。

科　目	取得価額	減価償却累計額	当期末残高
建物	400,000	100,000	300,000
構築物	80,000	27,000	53,000
車両運搬具	20,000	13,000	7,000
什器備品	40,000	35,000	5,000
合　計	540,000	175,000	365,000

【Point】

　有形固定資産に対する減価償却累計額について、次の①又は②に掲げるような貸借対照表の表示をしている場合には、この注記は必要ありません。固定資産から減価償却累計額を直接控除した残額のみを記載した場合には、その資産の取得価額、減価償却累計額及び期末残高を脚注表示する必要があります。

①　各有形固定資産の控除項目として表示する方法

区　分	金　額（円）	
（資産の部） Ⅱ　固定資産 　3　その他固定資産 　　　建物 　　　　減価償却累計額 　　　構築物 　　　　減価償却累計額 　　　機械及び装置 　　　　減価償却累計額 　　　………… 　　　　減価償却累計額	××× △　××× ××× △　××× ××× △　××× ××× △　×××	 ××× ××× ××× ×××

② 有形固定資産に対する控除項目として一括表示する方法

区　　　　　分	金　　額（円）
（資産の部） Ⅱ　固定資産 　　3　その他固定資産 　　　　建物 　　　　構築物 　　　　機械及び装置 　　　　………… 　　　　減価償却累計額	 ××× ××× ××× ××× △　×××

7．債権の債権金額、貸倒引当金の当期末残高及び当該債権の当期末残高

〔記載例〕　債権の債権金額、貸倒引当金の当期末残高及び当該債権の当期末残高は、次のとおりです。

科　目	債権金額	貸倒引当金の当期末残高	債権の当期末残高
未収金 立替金			
合　　計	0	0	0

【Point】

　　貸倒引当金について、次の①又は②に掲げるような貸借対照表の表示をしている場合には、この注記は必要ありません。金銭債権から貸倒引当金を直接控除した残額のみを記載した場合には、その債権金額、貸倒引当金の当期末残高及びその債権の当期末残高を脚注表示する必要があります。

① 各資産の控除項目として表示する方法

区　　　　　分	金　　額（円）	
（資産の部） Ⅰ　流動資産 　　　現金及び預金 　　　未収金 　　　　貸倒引当金 　　　立替金 　　　　貸倒引当金 　　　………… 　　　…………	 ××× △　××× ××× △　×××	 ××× ××× ××× ××× ×××

② 流動資産又は固定資産の区分に応じた控除項目として一括表示する方法

区　　　分	金　　額（円）
（資産の部）	
Ⅰ　流動資産	
現金及び預金	×××
未収金	×××
立替金	×××
…………	×××
…………	×××
貸倒引当金	△　×××
Ⅱ　固定資産	
3　その他固定資産	
投資有価証券	×××
長期貸付金	×××
…………	×××
貸倒引当金	△　×××

8．保証債務等の偶発債務

記載例	①　○○○○氏の金融機関からの借入金に対して、×××円の保証債務を行っている。 ②　受取手形の裏書譲渡高は、×××円である。

【Point】

①　保証債務が存するか否かは、貸借対照表ではオフバランスとなるため、脚注で開示しなければ読み取れません。公益法人の保証債務の存否は、極めて重要な会計情報となります（債務保証を主たる目的事業としている場合は注記の必要はありません）。

②　保証債務等には、手形遡及義務や重要な係争事件に係る損害賠償義務等も含まれると考えるべきでしょう。

9．満期保有目的の債券の内訳並びに帳簿価額、時価及び評価額

〔記載例〕 満期保有目的の債券の内訳並びに帳簿価額、時価及び評価損益は、次のとおりです。

科　　目	帳簿価額	時　　価	評価損益
債券 　利付国債（5年） 　公募公債	 200,000 100,000	 198,000 99,000	 △ 2,000 △ 1,000
合　　計	300,000	297,000	△ 3,000

【Point】

　満期保有目的の債券は、償却原価法を採用するため、時価法の適用はありません。しかしながら、公益法人の資金運用状況は、重要な会計情報であるため、時価法を適用した場合と同様の情報を注記として開示することになります。

10．補助金等の内訳並びに当期の増減額及び残高

〔記載例〕 補助金等の内訳並びに、当期の増減額及び残高は、次のとおりです。

補助金等の名称	交付者	前期末残高	当期増加額	当期減少額	当期末残高	貸借対照表上の記載区分
補助金 　○○補助金 　○○補助金 　○○補助金 助成金 　○○助成金 　○○助成金	 A省 B省 C省		 1,000 2,000 3,000	 1,000 400 1,500	 0 1,600 1,500	 — 指定正味財産 流動負債
合　　計		0	0	0	0	

【Point】

① 　A省からの補助金1,000円は、その事業年度中に交付の目的たる支出に充てられるため、指定正味財産に計上しないで、最初から一般正味財産で受け入れています。

② 　B省からの補助金2,000円は、特定の事業で使用する固定資産の取得を目的としたものであり、その減価償却費400円相当額が、一般正味財産へ振り替えられています。

③ 　C省からの補助金2,000円は、交付義務を代行する目的で公益法人に支払われたものであり、預り補助金等として流動負債管理をしているものです。

11．指定正味財産から一般正味財産への振替額の内訳

〔記載例〕 指定正味財産から一般正味財産への振替額の内訳は、次のとおりです。

内　　容	金　　額
経常収益への振替額 　減価償却費計上による振替額 　基本財産受取利息 経常外収益への振替額 　目的達成による指定解除額 　〇〇〇〇	400 800
合　　計	1,200

【Point】

① 当期において、B省から補助金2,000円（指定正味財産／受取補助金等）を受け、特定の事業で使用する固定資産の取得をしました。その受取補助金等2,000円のうち、固定資産に係る減価償却費400円相当額が、一般正味財産へ振り替えられています（一般正味財産／受取補助金等）。

② 当期において、基本財産／定期預金の満期が到来して、受取利息800円が入金されました（指定正味財産／基本財産受取利息）。この資金は、当期の事業費に充当されたため、一般正味財産へ振り替えられています（一般正味財産／基本財産受取利息）。

12．関連当事者との取引の内容

〔記載例〕 関連当事者との取引の内容は、次のとおりです。

属性	法人等の名称	住所	資産総額	事業の内容又は職業	議決権の所有割合
役員	〇〇〇〇	—	—	当法人顧問	—

関係内容		取引の内容	取引金額	科目	期末残高
役員の兼務等	事実上の関係				
—	—	債務保証	×××千円	—	—

(取引条件及び取引条件の決定方針等)
　○○○○氏の金融機関からの借入金(×××千円、返済期日○年○月)に対して、債務保証を行い、年率××％の保証料を収受している。

【Point】
　関連当事者との取引の開示は、公益法人を私物化したり、利益相反行為などを防御するため、利害関係者に対して極めて重要な会計情報となります。

区　分	内　　容
① 関連当事者	(ア) 当該公益法人を支配する法人 (イ) 当該公益法人によって支配される法人 (ウ) 当該公益法人と同一の支配法人をもつ法人 (エ) 当該公益法人の役員及びその近親者
② 注記を要しない取引	(ア) 一般競争入札による取引並びに預金利息及び配当金の受取り、その他取引の性格からみて、取引条件が一般の取引と同様であることが明白な取引 (イ) 役員に対する報酬、賞与及び退職慰労金の支払い (ウ) 重要性のない取引
③ 重要性の基準(重要性のない取引の判断基準)	次に掲げる区分に応じて、それぞれの基準により重要性があると判断され、注記を要することになる。 (ア) 支配法人、被支配法人又は同一の支配法人を持つ法人との取引 　⑦ 正味財産増減計算書項目に係る関連当事者との取引 　　i　経常収益又は経常費用の各項目＝経常収益又は経常費用の100分の10を超える取引 　　ii　経常外収益又は経常外費用の各項目＝100万円を超える増減額 　　　(一般正味財産増減額の100分の10以下となる場合を除く。以下「iii」において同じ。) 　　iii　指定正味財産増減の部＝100万円を超える増減額 　④ 貸借対照表項目等に係る関連当事者との取引 　　資産の合計額の100分の1を超える取引(資金貸借取引、有形固定資産や有価証券の購入・売却取引等については、取引の発生総額で資産の合計額の100分の1を超えるかどうかを判定する)。 (イ) 役員及びその近親者との取引 　100万円を超える取引

13．重要な後発事象

| 記載例 | 平成××年××月××日開催の理事会において、○○○を決議いたしました。この結果、翌年度の経常外費用、経常外増減額及び当期正味財産増減額が○○○千円減少する見込みである。 |

【Point】

　後発事象とは、貸借対照表日以降に発生した事象で、翌期以降の財務内容や事業の運営に影響を与えるものをいいます。

14．その他

具体的な記載事項については、新公益法人会計基準に定められていませんが、次に掲げるような項目が注記の必要事項として考えられます。

① 　固定資産の耐用年数の変更

② 　賞与の支給対象期間の変更

③ 　特殊な勘定科目の説明

④ 　その他

2　収支計算書に対する注記

1．資金の範囲

記載例	資金の範囲には、現金預金、未収金、前払金、未払金、預り金及び仮受金を含めることとしている。なお、前期末及び当期末残高は、下記2．に記載のとおりである。

【Point】

会計処理規程等に定められている資金の範囲を記載します。

2．次期繰越収支差額に含まれる資産及び負債の内訳

〔記載例〕

科　　目	前期末残高	当期末残高
現金預金	200,000	230,000
未収金	3,600	3,800
前払金	400	500
合　計	204,000	234,300
未払金	4,500	4,800
預り金	700	900
仮受金	300	0
合　計	5,500	5,700
次期繰越収支差額	198,500	228,600

【Point】

資金の範囲を変更した場合には、次に掲げるような注記になります。

科　　目	前期末残高 調整前	前期末残高 調整額	前期末残高 調整後	当期末残高
現金預金	200,000		200,000	230,000
未収金	3,600		3,600	3,800
前払金		400	400	500
合　計	203,600	400	204,000	234,300
未払金	4,500		4,500	4,800
預り金	700		700	900
仮受金		300	300	0
合　計	5,200	300	5,500	5,700
次期繰越収支差額	198,400	100	198,500	228,600

ex.　前払金と仮受金を資金の範囲に含めることとした。

3．科目間の流用及び予備費の使用

(1)　科目間の流用

予算科目のうち管理費－○○○支出より、×××円を管理費－△△△支出に流用した。

科　　目	当初予算額	科目間流用額	流用後予算額
管理費－○○○支出			
管理費－△△△支出			

(2)　予備費の使用

予備費△×××円は○○○支出に充当使用し、当該科目の予算額に含めて表示している。

第Ⅶ章　簡単な設例に基づく取引の仕訳から精算表による決算のまとめ方

　この章では、日常的に生ずる代表的な取引、決算独自の処理などを仕訳で表示し、財務諸表の下地となる精算表を実際に作成してみることとします。

　仕訳の起票については、損益仕訳のほか、収支仕訳も同時に起票することとし、その相手科目は便宜上「資金勘定」を使用することとします。なお、収支仕訳は起票しますが、精算表上、収支計算書の作成は省略します。

（１）　正味財産増減計算に関わる取引の仕訳例

> ステップアップ演習：取引事例による仕訳の作成 No.1

① 研修事業収益に係る未収金500円が確定した（請求書等を発行している）。
② 研修事業費に係る未払金300円が確定した（請求書等が届いている）。
③ 管理費／旅費交通費200円を現金で支払った。

【解答用紙】

	借　方		貸　方	
①				
収支				
②				
収支				
③				
収支				

【解答例】

	借　方		貸　方	
①	〔貸借〕未収金	500	〔正味〕一般正味財産増減の部 　　　　事業収益／研修事業収益	500
収支	〔ダミー〕資金勘定	500	〔収支〕事業活動収入 　　　　事業収入／研修事業収入	500
②	〔正味〕一般正味財産増減の部 　　　　事業費／研修事業費	300	〔貸借〕未払金	300
収支	〔収支〕事業活動支出 　　　　事業費支出／研修事業費支出	300	〔ダミー〕資金勘定	300
③	〔正味〕一般正味財産増減の部 　　　　管理費／旅費交通費	200	〔貸借〕現金預金	200
収支	〔収支〕事業活動支出 　　　　管理費支出／旅費交通費支出	200	〔ダミー〕資金勘定	200

(注)　凡　例
　　　〔貸借〕＝貸借対照表、〔正味〕＝正味財産増減計算書、〔収支〕＝収支計算書
　　　〔ダミー〕＝貸借を合わせるために便宜的に使用する科目

（2）　資産・負債・正味財産に関わる取引の仕訳例

ステップアップ演習：取引事例による仕訳の作成 No.2

④　受託事業収益に係る未収金400円を現金で回収した。
⑤　受託事業費に係る未払金250円を現金で支払った。
⑥　指定財源である基本財産の定期預金に係る受取利息900円が流動資産の普通預金に入金され、事業費に充当するため一般正味財産の部に振り替えた（原則的処理）。
⑦　流動資産の普通預金に係る受取利息100円が普通預金口座に振り込まれた。
⑧　使途に制限のない寄付金300円が普通預金口座に振り込まれた。
⑨　管理費に係る給与の支給総額は500円であり、源泉所得税50円を天引きした差引手取額450円を、普通預金口座から職員の給与指定口座に振り込んだ。
⑩　固定資産取得のための補助金800円が普通預金口座に振り込まれた。
⑪　上記⑩の交付の目的となった什器備品800円を購入し、代金は普通預金口座から振り込まれた。

第VII章　簡単な設例に基づく取引の仕訳から精算表による決算のまとめ方

【解答用紙】

	借　方		貸　方	
④				
収支				
⑤				
収支				
⑥				
収支				
⑦				
収支				
⑧				
収支				
⑨				
収支				
⑩				
収支				
⑪				
収支				

【解答例】

	借　方		貸　方	
④	〔貸借〕現金預金	400	〔貸借〕未収金	400
収支	資金間の振替のため仕訳なし		資金間の振替のため仕訳なし	
⑤	〔貸借〕未払金	250	〔貸借〕現金預金	250
収支	資金間の振替のため仕訳なし		資金間の振替のため仕訳なし	
⑥	〔貸借〕現金預金	900	〔正味〕指定正味財産増減の部 　　　　基本財産運用益／基本財産受取利息	900
	〔正味〕指定正味財産増減の部 　　　　一般正味財産への振替額	900	〔正味〕一般正味財産増減の部 　　　　基本財産運用益／基本財産受取利息	900
収支	〔ダミー〕資金勘定	900	〔収支〕事業活動収入 　　　　基本財産運用収入／基本財産利息収入	900
⑦	〔貸借〕現金預金	100	〔正味〕一般正味財産増減の部 　　　　雑収益／受取利息	100
収支	〔ダミー〕資金勘定	100	〔収支〕事業活動収入 　　　　雑収入／受取利息収入	100
⑧	〔貸借〕現金預金	300	〔正味〕一般正味財産増減の部 　　　　受取寄付金／受取寄付金	300
収支	〔ダミー〕資金勘定	300	〔収支〕事業活動収入 　　　　寄付金収入／寄付金収入	300
⑨	〔正味〕一般正味財産増減の部 　　　　管理費／給料手当	500	〔貸借〕預り金 〔貸借〕現金預金	50 450
収支	〔収支〕事業活動支出 　　　　管理費支出／給料手当支出	500	〔ダミー〕資金勘定	500
⑩	〔貸借〕現金預金	800	〔正味〕指定正味財産増減の部 　　　　受取補助金等／受取国庫補助金	800
収支	〔ダミー〕資金勘定	800	〔収支〕事業活動収入 　　　　補助金等収入／国庫補助金収入	800
⑪	〔貸借〕什器備品	800	〔貸借〕現金預金	800
収支	〔収支〕投資活動支出 　　　　固定資産取得支出／什器備品購入支出	800	〔ダミー〕資金勘定	800

（3） 合計残高試算表の作成と精算表による決算整理記入

ステップアップ演習：決算整理による仕訳の作成 No.3

⑫　上記⑪什器備品に係る管理費／減価償却費が80円算出された。
⑬　上記⑫の減価償却費相当額を、普通預金から積立預金として80円積み増した。
⑭　退職給付引当資産を支給原資として、総務担当の退職者甲氏に対し退職金60円を支払った。なお、同氏の退職者の前期末要支給額は60円であり、管理費として処理をする。
⑮　管理費に係る退職給付引当金を170円繰り入れた。
⑯　退職金の支給に備えるため、普通預金口座から積立預金として170円積み増した。

【解答用紙】

	借　方		貸　方	
⑫				
収支				
⑬				
収支				
⑭				
収支				
⑮				
収支				
⑯				
収支				

【解答例】

	借　　方		貸　　方	
⑫	〔正味〕一般正味財産増減の部 　　　　管理費／減価償却費	80	〔貸借〕什器備品 　　　　（又は減価償却累計額）	80
	〔正味〕指定正味財産増減の部 　　　　一般正味財産への振替額	80	〔正味〕一般正味財産増減の部 　　　　受取補助金等／受取国庫補助金	80
収支	非資金間の振替のため仕訳なし		非資金間の振替のため仕訳なし	
⑬	〔貸借〕固定資産／特定資産 　　　／減価償却引当資産	80	〔貸借〕現金預金	80
収支	〔収支〕投資活動支出／特定資産取得支出 　　　／減価償却引当資産取得支出	80	〔ダミー〕資金勘定	80
⑭	〔貸借〕現金預金	60	〔貸借〕固定資産／特定資産 　　　／退職給付引当資産	60
	〔貸借〕退職給付引当金	60	〔貸借〕現金預金	60
収支	〔ダミー〕資金勘定	60	〔収支〕投資活動収入／特定資産取崩収入 　　　／退職給付引当資産取崩収入	60
	〔収支〕事業活動支出 　　　　管理費支出／退職給付支出	60	〔ダミー〕資金勘定	60
⑮	〔正味〕一般正味財産増減の部 　　　　管理費／退職給付費用	170	〔貸借〕退職給付引当金	170
収支	非資金間の振替のため仕訳なし		非資金間の振替のため仕訳なし	
⑯	〔貸借〕固定資産／特定資産 　　　／退職給付引当資産	170	〔貸借〕現金預金	170
収支	〔収支〕投資活動支出／特定資産取得支出 　　　／退職給付引当資産取得支出	170	〔ダミー〕資金勘定	170

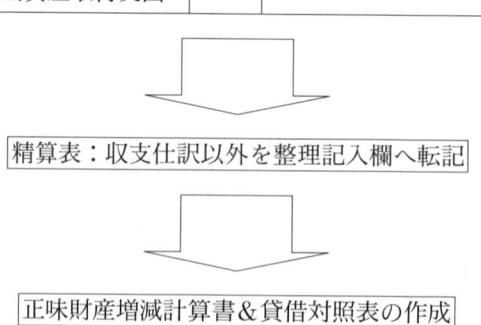

↓

精算表：収支仕訳以外を整理記入欄へ転記

↓

正味財産増減計算書＆貸借対照表の作成

精算表〔記入

区　分	残高試算表		整理記入	
	借方	貸方	借方	貸方
現金預金	20,688			
未収金	30			
前払金	100			
立替金	477			
基本財産／定期預金	826,957			
基本財産／投資有価証券	16,043			
特定資産／減価償却引当資産	2,165			
特定資産／退職給付引当資産	11,176			
特定資産／特別修繕積立資産	10,000			
什器備品	1,525			
ソフトウェア	1,205			
未払金		5,330		
預り金		235		
退職給付引当金		11,175		
指定正味財産		852,000		
一般正味財産		16,536		
一般／基本財産受取利息		17,856		
一般／特定資産受取利息		12		
一般／受取会費		11,600		
一般／事業収益		31,770		
研修事業収益				
一般／受取補助金等		2,500		
一般／受取寄付金		500		
一般／雑収益		186		
受取利息				
一般／事業費	17,885			
研修事業費				
一般／受託事業費	18,918			
一般／管理費	21,880			
旅費交通費				
給料手当				
減価償却費				
退職給付費用				
一般／固定資産除却損	151			
指定／基本財産受取利息				
指定／受取補助金等				
指定／一般正味財産への振替額	500			
当期一般正味財産増加額				
当期指定正味財産増加額				
合計	949,700	949,700		

136

フォーム

正味財産増減計算書				貸借対照表	
一般正味財産増減の部		指定正味財産増減の部			
借方	貸方	借方	貸方	借方	貸方

精算表〔平成Ｘ１年４月１日～

区　分	残高試算表 借方	残高試算表 貸方	整理記入 借方		整理記入 貸方	
現金預金	20,688		④ 400 ⑥ 900 ⑦ 100 ⑧ 300 ⑩ 800 ⑭ 60		③ 200 ⑤ 250 ⑨ 450 ⑪ 800 ⑬ 80 ⑭ 60 ⑯ 170	
未収金	30		①	500	④	400
前払金	100					
立替金	477					
基本財産／定期預金	826,957					
基本財産／投資有価証券	16,043					
特定資産／減価償却引当資産	2,165		⑬	80		
特定資産／退職給付引当資産	11,176		⑯	170	⑭	60
特定資産／特別修繕積立資産	10,000					
什器備品	1,525		⑪	800	⑫	80
ソフトウェア	1,205					
未払金		5,330	⑤	250	②	300
預り金		235			⑨	50
退職給付引当金		11,175	⑭	60	⑮	170
指定正味財産		852,000				
一般正味財産		16,536				
一般／基本財産受取利息		17,856			⑥	900
一般／特定資産受取利息		12				
一般／受取会費		11,600				
一般／事業収益		31,770				
研修事業収益					①	500
一般／受取補助金等		2,500			⑫	80
一般／受取寄付金		500			⑧	300
一般／雑収益		186				
受取利息					⑦	100
一般／事業費	17,885					
研修事業費			②	300		
一般／受託事業費	18,918					
一般／管理費	21,880					
旅費交通費			③	200		
給料手当			⑨	500		
減価償却費			⑫	80		
退職給付費用			⑮	170		
一般／固定資産除却損	151					
指定／基本財産受取利息					⑥	900
指定／受取補助金等					⑩	800
指定／一般正味財産への振替額	500		⑥ 900 ⑫ 80			
当期一般正味財産増加額						
当期指定正味財産増加額						
合計	949,700	949,700		6,650		6,650

平成X2年3月31日）

正味財産増減計算書				貸借対照表	
一般正味財産増減の部		指定正味財産増減の部			
借方	貸方	借方	貸方	借方	貸方
				21,238	
				130	
				100	
				477	
				826,957	
				16,043	
				2,245	
				11,286	
				10,000	
				2,245	
				1,205	
					5,380
					285
					11,285
					►852,220
					►22,756
	18,756				
	12				
	11,600				
	31,770				
	500				
	2,580				
	800				
	186				
	100				
17,885					
300					
18,918					
21,880					
200					
500					
80					
170					
151					
			900		
			800		
		1,480			
6,220					
		220			
66,304	66,304	1,700	1,700	891,926	891,926

第Ⅷ章　公益法人制度改革の概要と運用の検討

1　公益法人制度改革

　平成14年3月29日『公益法人制度の抜本的改革に向けた取組みについて』において、「最近の社会・経済情勢の進展を踏まえ、民間非営利活動を社会・経済システムの中で積極的に位置付けるとともに、公益法人（民法第34条の規定により設立された法人）について指摘される諸問題に適切に対処する観点から、公益法人制度について、関連制度（NPO、中間法人、公益信託、税制等）を含め抜本的かつ体系的な見直しを行う。」と口火をきり、公益法人制度改革が本格的にスタートしたといえます。

　途中の審議等の経過は省略させていただきます（図表53）が、平成18年6月2日において、現行社団法人、財団法人及び中間法人に係る設立、組織、運営及び管理について、抜本的に改革すべく、一般社団法人及び一般財団法人に関する法律（以下「一般法」といいます。）、公益社団法人及び公益財団法人の認定等に関する法律（以下「認定法」といいます。）、一般社団法人及び一般財団法人に関する法律及び公益社団法人及び公益財団法人の認定等に関する法律の施行に伴う関係法律の整備等に関する法律（以下「整備法」といいます。）が公布されました。この一般法、認定法及び整備法（以下「公益法人制度改革3法」といいます。）は、同日以後2年6ヶ月を超えない範囲内で施行するとされていましたが、平成20年12月1日を施行日とすることが決まりました。

　また、公益法人制度改革3法の施行日が確定したと同時に、同法に係る政令及び内閣府令が公布されたことによって、公益法人を取り巻く環境は、大きな転換期に突入したといえます。しかしながら、依然として解釈運用が不明瞭な規定が多く、巷で言われている同法の運用に係るガイドラインの公開が待たれているところです。このガイドラインは、平成20年春頃公開される予定でありますが、今後の公益法人の運営に大きな影響を与える制度改革であるゆえ、当事者にとっては不明瞭な中でもアレコレ議論を交わしている最中です。

　本章では、①公益法人制度改革の概要を整理すること、②公益社団法人又は公益財団法人へ移行することを前提として公益認定要件を検討すること、③一般社団法人又は一般財団法人への移行について検討することを、基本的コンセプトとして掲げて整理をしてみたいと思

います。現時点では、やや情報不足の観はいなめないところではありますが、『公益認定等に係る政令の制定の立案及び内閣府令の制定について　答申　平成19年6月15日　内閣府公益認定等委員会』（以下「答申」という。）の考え方を基礎にして、特に注目されている上記②及び③に関する実務上の運用について展望（私見）を図りたいと思います。

図表53　公益法人制度改革の主要な経緯

年　月	内　　　容
平成15年6月	「公益法人制度の抜本的改革に関する基本方針」（閣議決定）
平成15年11月	行革担当大臣の下で「公益法人制度改革に関する有識者会議」初会合。本会議26回、WG14回開催
平成16年11月	「公益法人制度改革に関する有識者会議報告書」取りまとめ
平成16年12月	「公益法人制度改革の基本的枠組み」の具体化 「今後の行政改革の方針」（閣議決定）
平成17年6月	「新たな非営利法人に関する課税及び寄附金税制についての基本的考え方」（政府税制調査会基礎問題小委員会・非営利法人課税WG）取りまとめ
平成17年12月	「行政改革の重要方針」（閣議決定）
平成18年3月	公益法人制度改革関連三法の国会の提出
平成18年5月	法案可決・成立（6月2日公布）
平成19年4月	（衆参両院の同意を得て）公益認定等委員会発足 ⇒政令・内閣府令の検討開始
平成19年6月	委員会が11回の審議を経て、政令・内閣府令に関する「答申」
平成19年9月	政令・内閣府令を決定・公布

2 現行の公益法人の移行システム

1．公益法人制度改革後の公益法人

現行民法34条を根拠法とする社団法人及び財団法人は、平成20年12月1日の公益法人制度改革3法の施行と同時に、特例民法法人として法律上整理されます。この特例民法法人とは、整備法の施行によって、民法34条を根拠法とする法人格が一般社団法人又は一般財団法人として改正されることによって、法律上の移行手続きを完結するまでの間、宙に浮いている状態になっている法人を意味します。法人格の移行期間は5年間とされるため、単純なカウントでは平成25年11月30日がリミットとなります。

ところで、公益法人制度改革後は、社団法人又は財団法人が、基本的に認可申請後、登記手続きを行うことにより、一般社団法人又は一般財団法人に整理されることになります。現行の社団法人又は財団法人は、設立認可と同時に公益事業団体と認知されています。しかし、新制度改革後は登記によって設立が容易になることから、公益事業団体として社会的な地位を得るためには、公益認定の申請を行って許可を受けなければなりません。これにより、公益認定を受けた一般社団法人又は一般財団法人は、公益社団法人又は公益財団法人という、公益事業団体としての称号を得られることになります（図表54、55、56参照）。

図表54　現行公益法人制度と新公益法人制度の比較

区　分	現行公益法人制度	新公益法人制度
法人の設立	社団法人・財団法人　主務官庁の許可	一般社団法人・一般財団法人　登記のみで設立
	⇓ 一体	⇓ 認定
公益性の判断	社団法人・財団法人　主務官庁の判断	公益社団法人・公益財団法人　行政庁が認定
税との関係	法人税は収益事業のみ課税	公益性を認定された法人に対し税制上の優遇措置（注）

（注）　法人税は収益事業課税としつつも、公益目的事業により生じた所得を非課税としています。

図表55　公益法人制度改革後の公益法人の分類イメージ

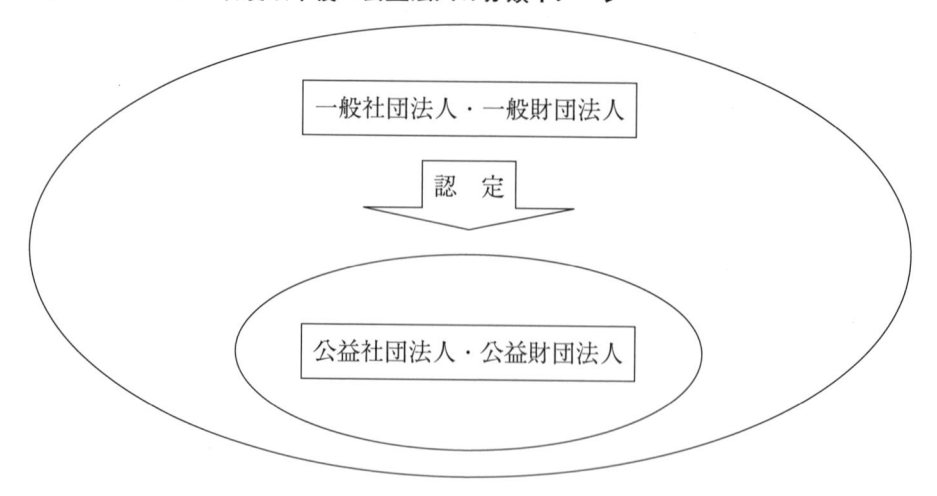

```
┌─────────────────────────────────┐
│     ┌─────────────────┐         │
│     │一般社団法人・一般財団法人│     │
│     └─────────────────┘         │
│              ↓ 認 定             │
│     ┌─────────────────┐         │
│     │公益社団法人・公益財団法人│     │
│     └─────────────────┘         │
└─────────────────────────────────┘
```

図表56　特例民法法人の移行スケジュール

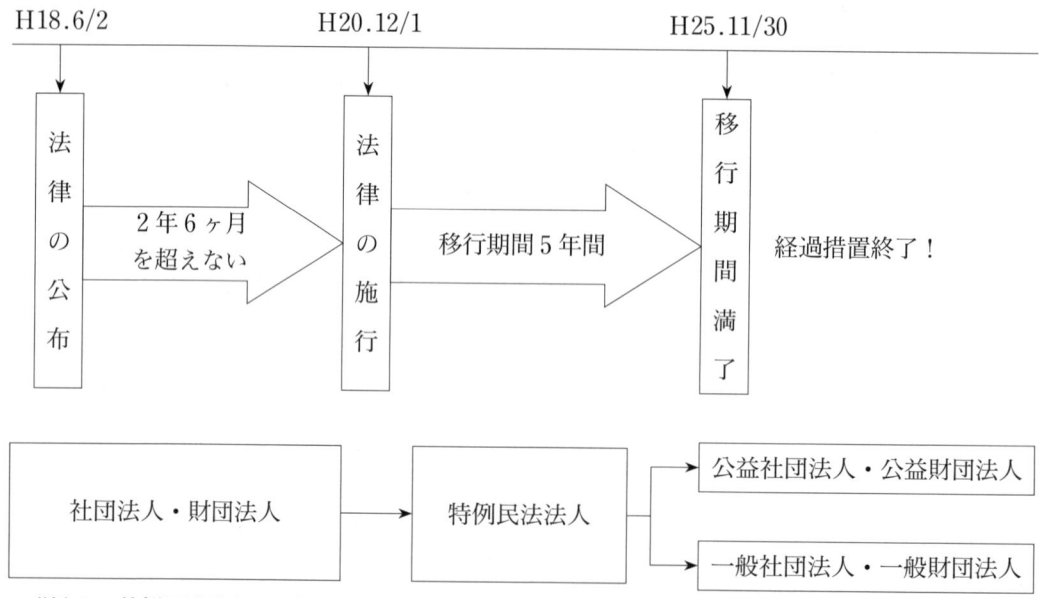

H18.6/2　　　　　H20.12/1　　　　　　　H25.11/30

法律の公布 → 2年6ヶ月を超えない → 法律の施行 → 移行期間5年間 → 移行期間満了　経過措置終了！

社団法人・財団法人 → 特例民法法人 →　公益社団法人・公益財団法人
　　　　　　　　　　　　　　　　　　→　一般社団法人・一般財団法人

(注) 1．特例民法法人は、社団法人・財団法人の名称を継続してかまいません。
　　 2．移行期間内において、①公益社団法人・公益財団法人への移行の認定申請、又は②一般社団法人・一般財団法人への移行の認可申請を行います。
　　 3．上記①又は②がないときは、解散したものとみなされます。

2．公益社団法人・公益財団法人への移行の手続き

　社団法人又は財団法人が公益性の認定を受けるためには、申請手続きを行って認定委員会の審査を受けることになります。認定要件は18項目（後述）あり、すべての要件を満たすな

らば、認定を受けることができます（その後登記）。仮に不認定が下された場合には、移行期間中における再申請については回数制限がないため、不認定項目の整備によって、いずれは良い結果を得られるものと期待されます（図表57参照）。

図表57　公益認定申請のプロセス

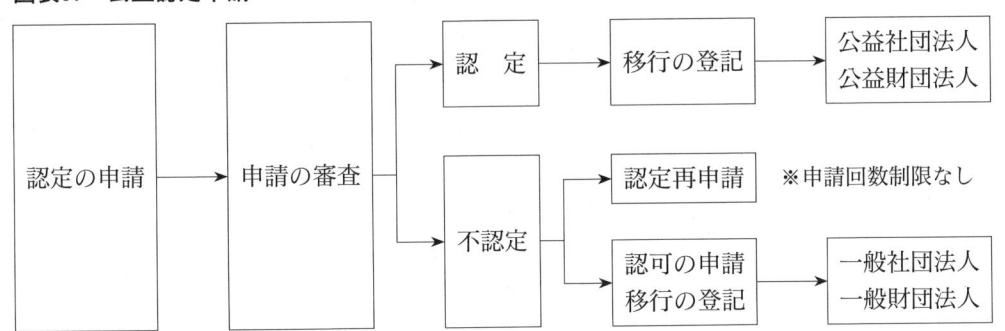

```
認定の申請 → 申請の審査 ┬→ 認　定 → 移行の登記 → 公益社団法人
                       │                              公益財団法人
                       └→ 不認定 ┬→ 認定再申請　※申請回数制限なし
                                 └→ 認可の申請 → 一般社団法人
                                    移行の登記    一般財団法人
```

なお、認定を受けた場合であっても、その後要件を欠落する等により、認定が取り消されることもあります。つまり、公益性の認定は、永久に担保されていることではないのです。仮に認定を受けた後、認定を取り消された場合には、公益目的事業により築き上げた公益目的取得財産残額は、あらかじめ定められている類似の事業を行う公益法人等に帰属されることになります。この取り扱いは、ややもすると法人を存続することさえ厳しい状況に追い詰められる懸念を抱きます。

(1) **公益認定後の遵守事項**

① 公益目的事業比率が50％以上であること
② 遊休財産額は一定額を超えないこと
③ 寄附金等の一定の財産を公益目的事業に使用等すること
④ 理事等の報酬等の支給基準を公表
⑤ 財産目録等を備置き・閲覧、行政庁へ提出すること　等

(2) **公益認定を取り消された場合**

① 定款の定めどおりに公益目的取得財産残額相当額の財産を類似の事業を目的とする他の公益法人等に贈与する。1ヶ月以内に贈与されないときは、同額の金銭を国又は都道府県に贈与すること。
② 認定の取消し後は、一般社団法人又は一般財団法人として存続する。

3．一般社団法人・一般財団法人への移行の手続き

　社団法人又は財団法人のうち、公益性の称号を得ることに必然性のない法人については、認可を受けた後、一般社団法人又は一般財団法人への移行の登記を行うことになります（図表58参照）。

図表58　一般社団法人又は一般財団法人への移行

認可の申請 → 申請の審査 → 認可 → 移行の登記 → 一般社団法人／一般財団法人

　新設法人に比して、特例民法法人が登記手続きに入る前にワンクッション置かれるのは、これまで公益性を有する法人として事業活動を行い、公益目的財産額（時価正味財産のイメージ）を築いてきているからです。一般社団法人又は一般財団法人に移行後は、公益性のある法人以外の法人として活動することになります。これにより、公益目的事業によって蓄積されている公益目的財産額は、あらかじめ定められた公益目的支出計画に基づいて、すべて消化することが求められます（図表59参照）。

　当面の事業運営は、公益目的財産額を消化する目的の公益目的事業と、その後の運営に必要な収益事業等とを並行させることになります。このことは、将来のビジョンに収益事業の浮上拡大計画が感じられなければ、現状の事業運営に何らかの影響を受けるのではないかと懸念されます。

図表59　特例民法法人が一般社団法人又は一般財団法人へ移行した場合

公益目的支出計画の実施
自ら定めた公益目的支出計画に基づき、公益の目的に支出すべき額がゼロになるまで、公益に関する事業の実施による支出をし、又は公益的な団体への寄附をする必要があります。

⇩

公益目的支出計画の報告
毎事業年度終了後、公益目的支出計画の実施状況について、行政庁に報告する必要があります。

⇩

公益目的支出計画の完了
公益目的支出計画が完了した旨の確認書の交付を受けると、登記により設立された一般社団法人・一般財団法人と同様、行政庁による監督はなくなります。

公益目的支出計画に期間の定めはありませんが、同計画書には支出計画完了予定年月日を記載することになっています。この期間の定めがないことは、受け止め方によっては50年、100年など実質的に制限がないようにも感じられるところです。しかしながら、一般的な解釈としては、公益目的財産がゼロになるまでの期間は、必要かつ不可欠な期間であると客観的に認められなければならないはずです。つまり、○○年でゼロにするという計数的な計画だけでは、公益目的支出計画をゼロにするために要する期間の理由として不明瞭であると思われます。たとえば、これまでの公益目的事業が保証事業を実施しており、従前の顧客に対する保証期間が○○年残っているというようなケースであれば、当然当該期間の公益目的支出計画には合理性があるわけです。

　ところで、公益目的支出計画期間として話題になっているテーマのひとつとしては、公益目的財産額のうち金銭以外の資産（不動産など）の比重が大きい場合における公益目的支出計画のあり方についてです。公益法人制度改革は、所有不動産を売却・換金化して、公益目的事業に活用させるという強硬な指示ではないはずです。自然体に捉えるならば、収益事業を並行させながら、その剰余金を財源として、公益目的財産である不動産などを収益事業財産にシフトしていくというイメージのはずです。この公益目的取得財産である不動産の資金化として必要な期間が、公益目的支出計画がゼロになるまでの期間として許容されるものであるならば、公益法人制度改革後の一般社団法人又は一般財団法人の事業運営にも光明を得られます。

　また、一般社団法人又は一般財団法人に移行しても、非営利一般法人（次章参照）に該当するならば、公益認定に固執する必要がなくなる法人もあるのではないでしょうか。このような観点から、公益目的支出計画によって公益目的財産額がゼロになるまでに必要な期間が、運用上のガイドラインとして明らかになることが待たれます。

4．公益目的財産額

(1) 公益目的財産額（整備法規則14）

　一般社団法人又は一般財団法人に移行する場合には、公益目的支出計画に基づいて公益目的財産額がゼロになるまで行政庁による監督下に置かれます。そこで、まず気になるのは公益目的財産額とは何かです。端的に申し上げるならば、移行の認可を受けた時点で解散すると仮定した場合に算定される時価正味財産と表現することができます。

　時価に引き直すという意味は、土地、有価証券その他の資産で、帳簿価額と時価との差額が著しい資産（時価評価資産）については、帳簿価額と時価との差額を正味財産に加減算するということです。その他にも、引当金、基金については、正味財産に必要な調整を加える

必要があります（図表60参照）。

　公益目的支出計画の期間がどの程度許容されるかは、事業計画の個別判定によると思われます。しかし確かなことは、移行の認可時点における公益目的財産額は消化することが前提となっており、その後の法人存続のためには収益事業等による蓄財を確実に積み上げる必要性があるという点です。公益目的事業と収益事業等との並行は、事業内容によっては限界を感じるケースもあります。

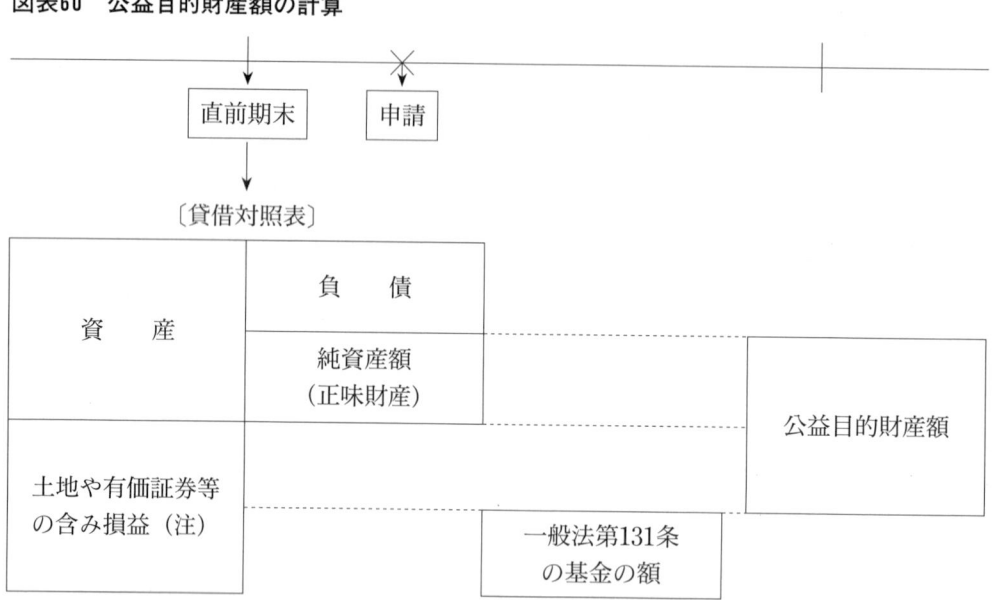

図表60　公益目的財産額の計算

```
─────────┬─────────×──────────┬──────
         ↓              ↓
      ┌──────┐     ┌──────┐
      │直前期末│     │ 申請 │
      └──┬───┘     └──────┘
         ↓
      〔貸借対照表〕

   ┌─────────┬─────────┐
   │         │  負　債  │
   │         ├─────────┤       ┌─────────┐
   │ 資　産  │ 純資産額 │╌╌╌╌╌╌│         │
   │         │（正味財産）│       │公益目的 │
   ├─────────┼─────────┤╌╌╌╌╌╌│ 財産額  │
   │土地や有価│          │       │         │
   │証券等の │一般法第131条│       └─────────┘
   │含み損益 │の基金の額 │
   │ （注）  │          │
   └─────────┴─────────┘
```

（注）　純財産額の調整
　　(ｱ)　土地や有価証券等は、時価と帳簿価額との差額を純資産額に加減算します。
　　(ｲ)　賞与引当金及び退職給付引当金以外の引当金は、純資産額に加算します。

(2) 公益目的取得財産残額（認定法規則48）

　公益社団法人又は公益財団法人が、公益認定後の遵守項目に抵触する等の事由により、認定を取り消された場合には、あらかじめ定款に定められている類似の事業を目的とする他の公益法人等に対して、公益目的取得財産残額相当額の財産を贈与することになります。その伏線として、同法人は毎事業年度末、公益目的取得財産残額を算出することになっております。

　なお、公益目的取得財産残額とは、公益目的増減差額と公益目的保有財産の帳簿価額を合計した金額をいいます（図表61、62参照）。公益目的増減差額は、各事業年度において発生した公益目的事業による収支差額をイメージしますが、その他収益事業等の収益の50％相当額を取り込むことになります。収益事業等による収支差額の2分の1以上は公益事業に帰属させるという、従前から存する指導指針が踏襲されていることが理解できます。

図表61　公益目的取得財産残額の計算

公益目的保有財産の帳簿価額（前年度残額）

＋

公益目的増減差額（下記加減算）

↑ ＋ 　　　　　　　　　　　　↑ △

- (ア) 寄附を受けた財産（公益目的事業以外のために使用すべきものを除く。）の額
- (イ) 補助金その他の財産（公益目的事業以外のために使用すべきものを除く。）の額
- (ウ) 公益目的事業に係る活動の対価の額
- (エ) 各収益事業等から生じた収益に100分の50を乗じて得た額
- (オ) 公益社団法人の社員が支払った経費のうち、使途が定められていないものの額に100分の50を乗じて得た金額
- (カ) 公益社団法人の社員が支払った経費のうち、公益目的事業に使用すべき旨が定められたものの額
- (キ) 公益目的事業に係る事業費から控除されることとなった引当金の取崩益の額
- (ク) 公益目的保有財産の帳簿価額の減少額
- (ケ) 公益目的保有財産から生じた収益の額
- (コ) 吸収合併又は新設合併を行った場合の消滅法人の公益目的取得財産残額
- (サ) 公益目的事業の用に供するものとして定めた財産の額

- (ア) 公益目的事業に係る事業費の額
- (イ) 公益目的事業に伴って生じた損失（事業費として計上すべきもの及び正当な理由がある場合に限る。下記(エ)において同じ。）の額
- (ウ) 公益目的保有財産の帳簿価額の増加額
- (エ) 上記(イ)のほか、公益目的保有財産について生じた損失の額

〔正当な理由がある場合〕
- ⑦ 善良な管理者の注意を払ったにもかかわらず、財産が滅失又はき損した場合
- ④ 財産が陳腐化、不適応化その他の理由により、その価値を減じ、当該財産を廃棄することが相当な場合

図表62　公益目的事業財産残額の累積イメージ

X1年度	X2年度
公益目的財産への追加分 ／ 消費分 ／ 公益目的財産の前年度残額 ／ 公益目的事業財産の残額	公益目的財産への追加分 ／ 消費分 ／ 公益目的財産の前年度残額 ／ 公益目的事業財産の残額

3　公益法人制度改革後の機関設計

　一般社団法人又は公益社団法人、一般財団法人又は公益財団法人の役員の構成（機関設計）は、一般法又は認定法に定められています（図表63参照）。特例民法法人が、いずれかの法人に移行した後は新役員体制となりますが、ここで移行の登記を一度にするか、二度に分けるか等の議論があります。議論の発端は、主に評議員を設置することになる特例財団法人のテーマです。

　一般法では評議員の選任は理事に権限がなく、選任方法を定めるところまでの役割となっております。そこで、評議員の選任方法としては、①評議員会が評議員を選任する方法、②外部の特定の者に委ねる方法、③第三者で構成される評議員の選任委員会等を発足して同委員会が選任する方法などが考えられます。

　ところで、特例財団法人については、一般財団法人又は公益財団法人への移行の登記を行うまで、最初の評議員のみ、理事が選任することを認めています（整備法92）。そこで、機関の設計を優先させて定款変更の登記手続きを行い、その後に移行の登記を計画している財団法人が多いようです。このような意図がある場合には、登記を二回に分割することも考えられるわけです。

図表63　機関設計の比較

一般社団法人	公益社団法人
① 必置機関：理事、社員総会 ② 任意機関：理事会 　　　　　　監事（理事会又は会計監査人を置く場合は必置） 　　　　　　会計監査人（負債200億円以上の法人は必置） ③ 任期：理事（任期2年以内） 　　　　　監事（任期4年、定款で2年まで短縮可） 　　　　　会計監査人（任期1年）	① 必置機関：理事、社員総会、理事会、監事、 ② 任意機関：会計監査人（収益1,000億円超、費用及び損失1,000億円超又は負債50億円超のいずれかに該当する法人は必置） ③ 任期：同左
一般財団法人	公益財団法人
① 必置機関：評議員、評議委員会、理事、理事会、監事 ② 任意機関：会計監査人（負債200億円以上の法人は必置） ③ 任期：評議員（任期4年、定款で6年まで伸長可）、 　　　　　理事（任期2年以内）、 　　　　　監事（任期4年、定款で2年まで短縮可） 　　　　　会計監査人（任期1年）	① 必置機関：同左 ② 任意機関：会計監査人（収益1,000億円超、費用及び損失1,000億円超又は負債50億円超のいずれかに該当する法人は必置） ③ 任期：同左

4　公益社団法人又は公益財団法人への移行のための公益認定の基準

1．公益認定の方向性

　公益認定を受けるためには申請をすることになりますが、認定法では18項目の基準を設けており、それに合致すれば公益認定委員会が公益認定をするとしています。そのため、認定申請書には、これらの基準に適合していることが明らかになる書類等を申請書に添付することになります。

　私見ではありますが、申請書類によって認定要件を充足していることが客観的に判断できれば、公益認定を受けられると感じています（書類審査主体か!?）。個々の認定要件は後述しますが、認定要件の中には、これからの事業運営によって判断が左右される項目も存します。そのため、認定後の監督下において、その実態に応じた運用に委ねることもできます。

　つまり、公益認定は永遠の権利として保証されていないため、認定要件を遵守していないことが明らかになったところで、認定を取り消すことが可能です。認定法では、認定の取り消しが担保されているという点に、むしろ入り口の広さを感じるわけです。そのため、公益認定を受けるハードルの高さ以上に、その後の公益目的事業の実現及び継続が大きな命題と感じます。

> 認定法第5条（公益認定の基準）
> 　行政庁は、前条の認定（以下「公益認定」という。）の申請をした一般社団法人又は一般財団法人が次に掲げる基準に適合すると認めるときは、当該法人について公益認定をするものとする。

2．公益認定の基準

(1)　目的事業

【公益認定の基準：第1号】

> 　公益目的事業を行うことを主たる目的とするものであること。

　公益目的事業とは、学術、技芸、慈善その他の公益に関する後述の別表各号に掲げる種類の事業であって、不特定かつ多数の者の利益の増進に寄与するものをいいます（認定法2四）。

　この認定要件は、事業の「目的」とその「対象者」に目線を置いたものであり、法人税法

の収益事業と非収益事業の区分の考え方とは異なるものです。法人税法は収入の発生源泉で収益事業か否かを区分していますが、公益認定上は事業目的に沿った運営が実現されているかどうか、すなわち公益目的事業による支出を行っているかを指標としております。そのため、これまで法人税の申告対象としている事業だからといって、公益目的事業から除外されるということではありません。平成20年度税制改正において、公益目的事業により生じた所得を非課税としていることからも明らかです。

また、「不特定の者の利益の増進に寄与するもの」かつ「多数の者の利益の増進に寄与するもの」としている規範は、従来から存している重大なテーマです。たとえば、特定の業界等に属する会員に対する事業運営は、「不特定かつ多数の者」という要件に抵触するのではないかという声も聞かれるところです。そもそも公益法人は公益目的事業の実施を前提としており、その趣旨に賛同した者が資金の提供を行うという構図があります。それゆえ、その資金を活用して、どのような目的の事業を実施しているかという観点から考える必要があると思います。

私見ですが、会員等のみを対象とした共済事業であっても、最終的に共済金が不特定かつ多数の者を対象に活用されると考えることができるのであれば公益目的事業の範疇として捉えても良いはずです。仮に共済金が会員に直接帰属する場合であっても、その保障たる共済事業そのものが、公益事業として掲げている目的の一環として行われているのであれば、経済や社会の安定に寄与しているという高い目線で判断すべきであると思います。また、会員の便益に供する事業行為に近接している場合であっても、個別に受託されたものでなければ、基盤となる公益目的事業を運営していく上で当然の事業行為と考えられます。特定の者からの受託事業であっても、その成果が経済や社会に何らかの形で還元されていれば、その点を捉えて不特定かつ多数の者への公益と判断できるわけです。このように、特定の会員等のみの目線を、従たる目的とすることで判定する位置付けであれば、公益目的事業に該当すると整理できるわけです。このような考え方に基づいて、運用されることが期待されます。

公益目的事業／別表（認定法第2条関係）

1	学術及び科学技術の振興を目的とする事業
2	文化及び芸術の振興を目的とする事業
3	障害者若しくは生活困窮者又は事故、災害若しくは犯罪による被害者の支援を目的とする事業
4	高齢者の福祉の増進を目的とする事業

5	勤労意欲のある者に対する就労の支援を目的とする事業
6	公衆衛生の向上を目的とする事業
7	児童又は青少年の健全な育成を目的とする事業
8	勤労者の福祉の向上を目的とする事業
9	教育、スポーツ等を通じて国民の心身の健全な発達に寄与し、又は豊かな人間性を涵（かん）養することを目的とする事業
10	犯罪の防止又は治安の維持を目的とする事業
11	事故又は災害の防止を目的とする事業
12	人種、性別その他の事由による不当な差別又は偏見の防止及び根絶を目的とする事業
13	思想及び良心の自由、信教の自由又は表現の自由の尊重又は擁護を目的とする事業
14	男女共同参画社会の形成その他のより良い社会の形成の推進を目的とする事業
15	国際相互理解の促進及び開発途上にある海外の地域に対する経済協力を目的とする事業
16	地球環境の保全又は自然環境の保護及び整備を目的とする事業
17	国土の利用、整備又は保全を目的とする事業
18	国政の健全な運営の確保に資することを目的とする事業
19	地域社会の健全な発展を目的とする事業
20	公正かつ自由な経済活動の機会の確保及び促進並びにその活性化による国民生活の安定向上を目的とする事業
21	国民生活に不可欠な物資、エネルギー等の安定供給の確保を目的とする事業
22	一般消費者の利益の擁護又は増進を目的とする事業
23	前各号に掲げるもののほか、公益に関する事業として **政令** で定めるもの

⬇

> 23号の「公益に関する事業として政令で定めるもの」については、当面、定めないことが適当である。

〔答申の考え方〕

公益目的事業の種類は、現在一般に公益と考えられているような事業であれば、平成18年に成立した認定法別表第1号から第22号のいずれかに含まれるよう包括的に定められていると考えられます。したがって、別表第23号の政令は、当面、定めないとすることが適当であ

第Ⅷ章　公益法人制度改革の概要と運用の検討

ると考えます。

　ただし、将来において、社会・経済情勢の変化により明らかに既存の種類の事業では捉えきれないものが生じたと認められる場合には追加を検討することとします。

〔私見〕

　公益法人制度改革では、これまでの判断とは異なり、公益目的事業の範囲が狭義に捉えられると囁かれていました。しかし、答申の考え方を見る限りは、従来のスタンスで判定をすれば良いことが伝わります。

　また、現在の事業行為では公益目的事業として曖昧な点があれば、これからの事業計画としてクリアにすれば良いと思われます。実態が伴うかどうかは、その後の運営次第であるため、これまでの状況のみで審査をするという姿勢ではないはずです。求められているのは、別表の22項目のいずれかの目的を掲げて、具体的に何をすべきかを考えることです。

(2)　財務諸表の開示能力

【公益認定の基準：第2号】

> 公益目的事業を行うのに必要な経理的基礎及び技術的能力を有するものであること。

〔答申の考え方〕

　「経理的基礎」に関しては、その要素の一つと考えられる法人の開示能力について、比較的大規模の法人に関しては会計監査人が設置されているか、公認会計士あるいは税理士が監事を務めること等を判断基準とすることにより、会計に関する有資格者が適切かつ責任ある形で法人の情報開示に関与することを要求する方向で検討することとしています。

　また、比較的小規模の法人に関しては、個別にその能力を判断することとしています。

〔私見〕

　公益法人は不特定かつ多数の者に対する公益目的事業を行い、その活動内容の現況報告として、①決算日における財政状態、②一会計期間における事業運営状況及び、③資金収支の状況に関する会計情報を、資金等の提供者、一般の市民、主務官庁などの行政機関、債権者などに提供します。

　この認定要件は、画一化された会計上のルールの下で、的確な情報開示が要求されているため、専門性が求められているテーマとなります。もちろん、損益実績、資金の運用状況など、法人内部における財務管理能力も認定上の判断の範疇になるものと考えられます。そこで、専門家が監事又は顧問として関与しているのであれば、うんもすんもなく判断がクリア

になるというわけです。しかしながら、事業規模によっては、専門家の関与は事実上困難であり、それをもって否定されることは道理ではありません。その点は実質判定の道を開いており、認定申請時に添付する帳簿書類の作成状況や聞き取りをすること等で、十分に審査ができるものと理解されます。

(3) 法人の目的及び事業の性質、内容に関するもの
【公益認定の基準：第3号】

> その事業を行うに当たり、社員、評議員、理事、監事、使用人その他の 政令 で定める当該法人の関係者に対し特別の利益を与えないものであること。

⬇

> 特別の利益を与えてはならない法人の関係者は、社員、評議員、理事、監事、使用人その他次に掲げる者となる（認定法令1）。
> (1) 当該法人の社員、評議員、理事、監事、使用人、基金の拠出者又は財団の設立者
> (2) 上記の者の配偶者又は三親等内の親族
> (3) 上記(1)、(2)の者と婚姻の届出をしていないが事実上夫婦関係にある者、及び(1)の者から受ける財産により生計を維持する者
> (4) 法人の社員、基金の拠出者、財団の設立者が法人の場合には、その法人が事業活動を支配している法人又はその法人の事業活動を支配している者

〔答申の考え方〕

　公益法人が特定の者に特別の利益を供与することは、不特定かつ多数の者の利益の増進に寄与するという公益法人のあり方からみて適当でなく、また、当該法人の社員、理事等については、その地位を利用して、自己又は自己と特別な関係を有する者のために利益を誘導するおそれがあります。このため、本号は、公益法人がその事業を行うに当たり、特別の利益を与えてはならない当該法人の関係者を定めるものです。

　このような規定の趣旨にかんがみれば、公益法人が特別の利益を与えてはならない当該法人の関係者としては、当該法人の直接の関係者として、本条が例示として掲げる社員、評議員、理事、監事、使用人のほかに、一般社団法人の基金の拠出者及び一般財団法人の設立者を規定しています。そして、上記関係者と特別な関係を有する者として、その親族及びこれ

に準ずる関係にある者を当該法人の関係者としています。また、公益法人の社員等が法人の場合には、その法人と特別な関係を有する者として、その子法人又はその法人の事業活動を支配している者を当該法人の関係者としています。

〔私見〕

　この項目は、認定要件のうち、事業運営上の規範となるものです。事業の実施に当たり、社員、評議員、理事、監事、使用人その他一定の者との取引については、機関の承認を受けているか、社会通念上の取引価額として適切であるか、実態が伴っているか等を明らかにするため、書面等でアピールすることになるでしょう。

【公益認定の基準：第4号】

> 　その事業を行うに当たり、株式会社その他の営利事業を営む者又は特定の個人若しくは団体の利益を図る活動を行うものとして**政令**で定める者に対し、寄附その他の特別の利益を与える行為を行わないものであること。
> 　ただし、公益法人に対し、当該公益法人が行う公益目的事業のために寄附その他の特別の利益を与える行為を行う場合は、この限りでない。

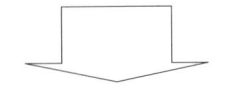

⬇

> 　特別の利益を与える行為を行ってはならない者は、株式会社その他の営利事業を営む者又は特定の個人若しくは団体の利益を図る活動を行う次に掲げる者となる（認定法令2）。
> (1)　特定の個人の支援を行う者
> (2)　会員又はこれに類する者に対する資産の譲渡、貸付け、役務の提供、会員等相互の交流、連絡又は意見交換等を行うことを主たる目的とする者
> (3)　上記(1)、(2)のほか、便益の及ぶ者が特定の範囲の者（会員等、特定の団体の構成員、特定の職域に属する者、特定の地域に居住するか事務所等を有する者）である活動を行うことを主たる目的とする者

〔答申の考え方〕

　特定の者に特別の利益を供与しないことを認定基準としている点は認定法第5条第3号と同様であり、本号ではその対象者として、特定の個人又は団体の利益を図る活動を行う者を

政令で具体的に定めることとしています。

　認定法では株式会社その他の営利事業を営む者が対象者として規定されているので、政令においては、それらに含まれず、受益の範囲が特定の団体の会員等特定の範囲にとどまる活動を主として行っている者を規定しています。

〔私見〕

　この項目は、第3号と同様であり、認定要件のうち、事業運営上の規範となるものです。事業の実施に当たり、株式会社その他の営利事業を営む者又は特定の個人若しくは団体の利益を図る活動を行う一定の者との取引については、機関の承認を受けているか、社会通念上の取引価額として適切であるか、実態が伴っているか等を明らかにするため、書面等でアピールすることになるでしょう。

【公益認定の基準：第5号】

> 　投機的な取引、高利の融資その他の事業であって、公益法人の社会的信用を維持する上でふさわしくないものとして 政令 で定めるもの又は公の秩序若しくは善良の風俗を害するおそれのある事業を行わないものであること。

⬇

> 　公益法人の社会的信用を維持する上でふさわしくない事業とは、次に掲げるものをいう（認定法令3）。
> (1) 投機的な取引を行う事業
> (2) 利息制限法に規定する無効な利息又は賠償額の予定が契約内容に含まれる営業的金銭消費貸借による貸付けを行う事業
> (3) 利息制限法に規定する無効な保証料の支払が契約内容に含まれる保証事業
> (4) 風俗営業等の規制及び業務の適正化等に関する法律に規定する性風俗関連特殊営業

〔答申の考え方〕

　公益法人は、広く社会から支援を受けつつ公益活動を行うものであるから、その地位にふさわしい社会的信用を維持することが必要です。そのため、公益法人は社会的信用を維持する上でふさわしくない事業を行わないことが認定基準として設けられています。

　ここでふさわしくない事業の内容とは、現在「公益法人の設立許可及び指導監督基準の運

用指針（平成8年12月19日公益法人等の指導監督等に関する関係閣僚会議幹事会申合せ）」において、公益法人の社会的信用を損なう収益事業の業種として、ⅰ）風俗関連営業、ⅱ）高利の融資事業、ⅲ）経営が投機的に行われる事業が挙げられていることから、政令においてもこれを踏襲し、公益法人の事業全般に通じる準則として位置づけることとしています。

〔私見〕

定款の目的事業に係る条項で明らかになる認定要件であり、かつ、従来から事業活動上の規範となっているため、大きなテーマとはならないと感じます。

【公益認定の基準：第6号】

> その行う公益目的事業について、当該公益目的事業に係る収入がその実施に要する適正な費用を償う額を超えないと見込まれるものであること。

〔私見〕

「収入が費用を超えないと見込まれるもの」について、単年度の運用状況という捉え方で推し量ると、実費弁償事業以外は実質的に困難です。そのため、この認定要件は、公益目的事業を実施するに当たり、不必要なレベルの剰余金を否定しているものと考えられます。これにより、従来から主務官庁の指導を受けている項目のうち、中心的テーマとなっている「内部留保」が指標として内在してくることが想定されます。

この「内部留保」とは、総資産額から、次の項目等を除したものとなっています。

(ア) 財団法人における基本財産

(イ) 公益事業を実施するために有している基金

(ウ) 法人の運営に不可欠な固定資産

(エ) 将来の特定の支払いに充てる引当資産等

(オ) 負債相当額

また、公益法人の内部留保の水準としては、法人の財務状況等によっても異なるものであり、一律に定めることは困難ですが、原則として、一事業年度における事業費、管理費及び事業に不可欠な固定資産取得費（資金運用等のための支出は含めない。）の合計額の30％程度以下であることが望ましいとされています。

しかしながら、公益目的事業の運営に対して、この数値は割合から計られているため、事業規模等による実質的な側面とは乖離していると感じます。せめて後述する遊休財産の保有制限にある、公益目的事業に係る事業費の一年分程度は許容すべきものと思われます。

また、「見込まれる」という認定要件の表現から、少なくとも申請時点の内部留保水準で推し量るのではないことが読み取れます。しかし、認定後に予定されている事業計画を勘案しても、内部留保の適切な水準に到達する見込みがないと判断される場合には、不認定のリスクを感じます。現時点では、どの程度の制限を予定しているのか知る術はありませんが、少なくとも内部留保率の現況で指導を受けている法人は、その解消策を模索しつつ、今後の運用情報を的確に捉えていく必要があります。

【公益認定の基準：第7号】

> 　公益目的事業以外の事業（以下「収益事業等」という。）を行う場合には、収益事業等を行うことによって公益目的事業の実施に支障を及ぼすおそれがないものであること。

〔私見〕

　公益目的事業以外の事業といえば、収益事業のみならず、共益事業を含んでいるものと理解されます。公益目的事業の実施に支障があるかどうかは、量的な制限は第8号として具体的に明示されていますので、第7号では実質的な観点からのテーマとなっています。それゆえ、この認定要件は、主に認定後の事実認定に委ねられるものと考えられます。

【公益認定の基準：第8号】

> 　その事業活動を行うにあたり、認定法第15条に規定する公益目的事業比率が100分の50以上となると見込まれるものであること。

【1】 公益目的事業比率

　公益目的事業比率は、次に掲げる算式により計算されます。

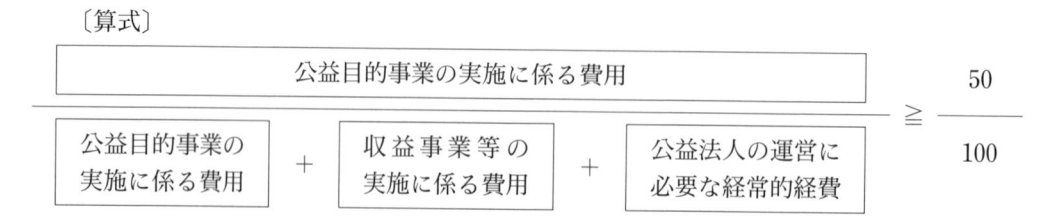

〔算式〕

$$\frac{\text{公益目的事業の実施に係る費用}}{\text{公益目的事業の実施に係る費用} + \text{収益事業等の実施に係る費用} + \text{公益法人の運営に必要な経常的経費}} \geq \frac{50}{100}$$

区　分	内　容
(ア) 公益目的事業の実施に係る費用	公益法人の損益計算書（＝正味財産増減計算書）における公益目的事業に係る事業費（資産の評価損及び売却損を除く。）
(イ) 収益事業等の実施に係る費用	公益法人の損益計算書（＝正味財産増減計算書）における収益事業等に係る事業費（資産の評価損及び売却損を除く。）
(ウ) 法人の運営に必要な経常経費	公益法人の損益計算書（＝正味財産増減計算書）における管理費（資産の評価損及び売却損を除く。）
(エ) 共通費用の配分方法	〔適正かつ合理的な基準〕
(オ) 引当金の取扱い	⑦　繰入損は事業費又は管理費として認識する ④　取崩益は上記⑦に応じて事業費又は管理費の額から控除する

【2】 共通経費の配賦

共通費用の配分方法として適正かつ合理的な基準については、従来から下記のような指針が掲げられております。

〔共通経費等の配賦基準〕

基　準	適用される共通収益及び費用
Ⓐ 建物面積比	地代、家賃、建物減価償却費、建物保険料、固定資産税等
Ⓑ 建物容積比	暖房費、冷房費等
Ⓒ 職員数比	福利厚生費、事務用消耗品費等
Ⓓ 従事割合	給料、賞与、賃金、退職金等
Ⓔ 使用割合	備品減価償却費、コンピュータリース料等
Ⓕ 資産額割合	運用益、支払利息等
Ⓖ 直接費用割合	直接費に比例して発生する共通収益及び費用、上記の各基準を採用することが困難な共通収益及び費用
Ⓗ 収入割合	収入割合を適用することが合理的な共通収益及び費用

※　平成6年9月5日日本公認会計士協会公益法人委員会『公益法人会計実務Q&A』より

共通経費のうち金額が高額となるのは、主として兼務する従業員の人件費です。従事時間の比率で按分することは理論的には適切な基準ですが、実務上時間管理が困難なケースの方がむしろ一般的となります。そのため、収入金額の比率で按分したらどうかという声が聞かれるところです。しかし、各々の収入の発生源泉は、業務に従事する量に比例することにはならず、本質的には不適切であると言わざるを得ません。しかしながら、会費、家賃その他の固定収入により構成されているのであれば、収入の比率で配分することについての矛盾も緩和されるのではないかと思われます。

そこで、年度の当初における予算要求の際、人件費等は事業費と管理費その他各事業ごとに、業務分担等に基づいて、この業務にはA氏、B氏…合計○人等と人員の割り当てを何ら

かの基準によって実施していると思われます。この考え方は、年度の事業開始前の取り決めであり、かつ、収支予算書として一定の機関において承認を得ていることを勘案すると、合理性を否定しきれない要素が感じられるところです。さらに、実際の事業運営が当初予算とかけ離れるときは、補正予算を組むなどの手続きを行うというスタンスがあれば、ことさら合理的な配分基準として考えても良いと感じています。

　なお、公益実施費用額と収益等実施費用額に関連する費用額及びこれらと管理運営費用額とに関連する費用として、配賦することが困難な費用については、次に掲げるとおり取り扱うことができます（認定法規則19）。

　(ア)　公益実施費用額と収益等実施費用額とに関連する費用額の場合　収益等実施費用額
　(イ)　公益実施費用額と管理運営費用額とに関連する費用額の場合　管理運営費用額
　(ウ)　収益等実施費用額と管理運営費用額とに関連する費用額の場合　管理運営費用額

【3】　公益目的事業比率の算定上の調整計算

　公益目的事業比率の算定は、法人の計算書類から離れて調整計算するものとして、継続性を条件にして、以下の(ア)、(イ)及び(ウ)を認めています。

(ア)　役務や資産を無償で提供等を受けて各事業を行う場合には、証憑の作成・保存等の一定の条件の下で、通常支払うべき最低の対価の額と実際に負担した対価の額との差額を事業費等に加算することができる。

　⇒ボランティアによって支えられている事業については、実際の負担額が生じていなくても、事業費又は管理費に加算できる旨が明示されています。

(イ)　将来の特定の活動の実施に要する費用（引当金として計上すべきものを除く。）に充てるために積み立てた資金で、以下の要件を満たすもの（以下「特定費用準備資金」という。）については、その積立額を事業費等に加算することができる。
　㋐　将来の特定の活動の実施に要する費用に充てるための資金であること
　㋑　他の資金と区分して管理されていること
　㋒　積立ての目的以外のための取崩しが禁止されているか、その取崩しに当たり特別の手続きが定められていること
　㋓　必要な費用の額が合理的に算定されていること
　㋔　上記㋓の金額及びその算定の方法が公表されていること
　㋕　特定費用準備資金を取り崩した場合には、取崩額を事業費等から控除する。
　㋖　特定費用準備資金の積立限度額を超えて積み立てられた金額がある場合においては、事後の年度に限度額が増加したときは、これを当年度の積立額として取り扱う。

　⇒見方を変えると、曖昧な性格とも言える特定費用準備資金（特定資産など）については、今後厳格な判定を行うという基本的な姿勢を感じます。

> (ウ) 土地を使用して公益目的事業又は収益事業等その他の活動を行う場合、当該土地の賃借に通常要する賃料の額から当該土地の使用に当たり実際に要した費用の額を控除して得た金額を事業費等の額に加算することができる。
>
> ⇒ 土地その他の不動産の低廉な地代等による利用は、公益法人の事業活動上珍しいことではありません。このような場合には、実際の負担額が低廉であっても、本来の負担額との差額を事業費又は管理費に加算できる旨が明示されています。

【4】 私見

　公益法人が公益目的事業の実施比率を総支出額の2分の1以上としなければならないという事業活動規範は、従来から存していたものです。この認定要件は、表現の仕方は異なるにせよ、公益目的事業の実施に支障を与えないようにするための量的な制限が踏襲されたものと理解できます。

　また、「公益目的事業比率が100分の50以上となると見込まれる」という規定からは、申請時点における実績のみならず、将来の状況も監視下となっていることが示唆されています。

【公益認定の基準：第9号】

> その事業活動を行うに当たり、認定法第16条第2項に規定する遊休財産額が同条第1項の制限を超えないと見込まれるものであること。

【1】 遊休財産額の保有制限

　公益法人の毎事業年度の遊休財産額は、次の算式に掲げるとおり、公益目的事業に係る事業費等の年額を超えてはなりません。端的に言うならば、遊休財産額の保有は、公益目的事業に係る一年分の事業費相当額まで認められていることになります。

〔算式〕

$$\frac{\text{損益計算書の経常費用における公益目的事業に係る事業費} + \text{特定費用準備資金への積立てとして事業費等に加算した額}}{\text{事業年度の月数（12）}} \times 12 \leqq 遊休財産額$$

【2】 遊休財産額とその算定方法

　遊休財産額とは、公益法人の財産の使用若しくは管理の状況又はその財産の性質にかんがみ、公益目的事業又は公益目的事業を行うために必要な収益事業等その他の業務若しくは活動のために現に使用されておらず、かつ、引き続きこれらのために使用されることが見込まれない財産をいいます。

　また、遊休財産額は、次に掲げる算式により計算されます。一見複雑な計算の流れのように感じますが、基本的には、貸借対照表の純資産（正味財産）を遊休財産とそれ以外に係る財産とに区分する算式構造です。そのため、遊休財産として認識される金額に対応する負債がないときは、その遊休財産の額そのものとなります。

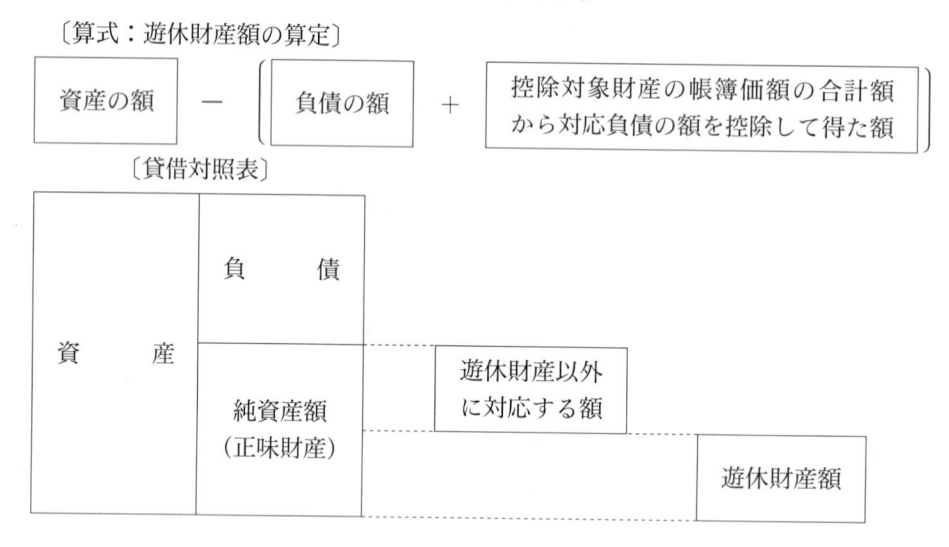

〔算式：遊休財産額の算定〕

　　資産の額 － 負債の額 ＋ 控除対象財産の帳簿価額の合計額から対応負債の額を控除して得た額

〔貸借対照表〕

| | 負　債 |
| 資　産 | 純資産額（正味財産） |

　　　　　　　　　　　遊休財産以外に対応する額
　　　　　　　　　　　　　　　　　　　　遊休財産額

第Ⅷ章　公益法人制度改革の概要と運用の検討

区　分	内　容
(ア)　控除対象財産	⑦　公益目的事業を行うために不可欠な特定の財産 ⑦　公益目的事業の用に供するものである旨を財産目録、貸借対照表又はこれらの附属明細書において表示した財産（公益目的保有財産） ⑦　公益目的事業を行うために必要な収益事業等その他の業務又は活動の用に供する財産 ⑦　将来において、上記⑦〜⑦に掲げる資産を取得するために積み立てられた資金等（特定費用準備資金と同様の管理等の要件を求め、合理的に計算された必要金額を限度） ⑦　特定費用準備資金（合理的に計算された必要金額を限度） ⑦　寄附等によって受け入れた財産で、財産を交付した者の定めた使途に従って使用又は保有されている財産
(イ)　対応負債の額	次の⑦又は⑦いずれかにより計算した金額とします。 ⑦　原則法（対応負債の額＝A＋C） A　個別に対応する負債の額 B　控除対象資産の合計額 － 指定正味財産の額 ＋ 個別に対応する負債の額 C　B × 個別に対応しない負債（引当金を除く。）の額 ／ {個別に対応しない負債（引当金を除く。）の額 ＋ 一般正味財産の額} ⑦　簡便法（対応負債の額＝B：個別的な対応関係を問わない方法） A　控除対象資産の合計額 － 指定正味財産の額 B　A × 負債（引当金を除く。）の額 ／ {負債（引当金を除く。）の額 ＋ 一般正味財産の額}

【3】　私見

　公益法人にとって遊休財産の存在は、そもそも望んで所有しているものではなく、予期せぬ経済情勢の変化、資産価値の下落、陳腐化その他突発的かつ偶発的な事象に基因するものであると推察されます。さらに、遊休財産の承継の問題、処分に制限がある場合など、やむ得ない事情により所有の必然性が求められていることもあります。

　とはいえ、何ら利用目的のない財産を所有している異常な状況は、取得経緯や管理コストの面からも、短絡的に捉えることは問題だと思います。その一方で、事業の転換等の事由により、たまたま遊休財産となってしまうケースも想定されるわけです。そこで、一事業年度

分の事業費相当額を遊休財産額の所有制限とする思考は、事業資金として転用する場合の必要な金額を指標として採用したことが想定されます。

また、「一事業年度分の事業費相当額を超えないと見込まれる」という規定からは、申請時点における実績のみならず、将来の状況も監視下となっていることが示唆されています。

(4) 法人の機関に関するもの

【公益認定の基準：第10号】

> 各理事について、当該理事及びその配偶者又は三親等内の親族（これらの者に準ずるものとして当該理事と政令で定める特別の関係がある者を含む。）である理事の合計数が理事の総数の三分の一を超えないものであること。監事についても、同様とする。

⬇

> 当該理事と政令で定める特別の関係がある者については、次に掲げる者とする（認定法令4）。
> (1) 婚姻の届出をしていないが事実上理事と婚姻関係と同様の事情にある者
> (2) 理事の使用人
> (3) 上記(1)、(2)の者以外の者で理事から受ける金銭その他の財産によって生計を維持している者
> (4) 上記(2)、(3)の者の配偶者又は(1)～(3)の者の三親等内の親族で生計を一にしている者

〔答申の考え方〕

理事及び監事それぞれについて、配偶者、三親等内の親族及びこれらに準ずる者で一定割合以上を占めないことが認定基準として設けられていますが、これは不特定かつ多数の者の利益の増進に寄与すべき公益法人が実質的に特定の者の利益を代表することがないように、理事（監事についても同様）については、当該理事及び配偶者又は三親等内の親族（これらの者に準ずるものとして当該理事と政令で定める特別の関係がある者を含む。）である理事の合計数は、理事の総数の3分の1を超えてはならないものとされています。

このような規定の趣旨にかんがみれば、当該理事と特別の関係がある者としては、理事と内縁関係にある者、理事の使用人、理事からの財産の供与によって生計を維持している者等を定める必要があります。

〔私見〕

　同一の親族や特定の企業の関係者が、理事又は監事の構成員として複数者が就任している場合には、機関運営上の意思決定が意のままになされ、これらの者の利益、又はこれらの者と関係を有する特定の団体等の利益のために事業運営が行われるおそれがあります。そこで、このような特別の関係にある者の数は、理事会を実質的に支配できないと予想される程度にとどめる必要があるため、議案を否決できるだけの人数にとどめるという目的が感じられます。

　また、特別の関係がある者として認識されるグループ判定は、三親等内の親族（次ページ親族図表等参照）に及ぶため、網にかかる範囲が相当広範となっています。この認定要件は、前述の第3号及び第4号と同様の趣旨に基づくものと判断されます。

具体例　特別の関係がある者の構成割合

理事の構成員	特別の関係がある者の判定
A氏	該当する（Aグループ）
B氏（A氏の妻）	該当する（Aグループ）
C氏（A氏の甥の子）	該当しない

〔判　定〕

㊙　A氏＋B氏＝2人

2/3＞1/3　∴要件不備

（注）　三親等内の親族は、甥姪まで含まれます。そのため、C氏のように甥姪の子であれば四親等内の親族に該当するため、Aの特別の関係グループには属さないことになります。
　この具体例の場合、第三者である理事を6名迎えることができるならば、2/9（1/3）となるため要件を満たすことになります。

【親族の範囲と三親等内の親族】

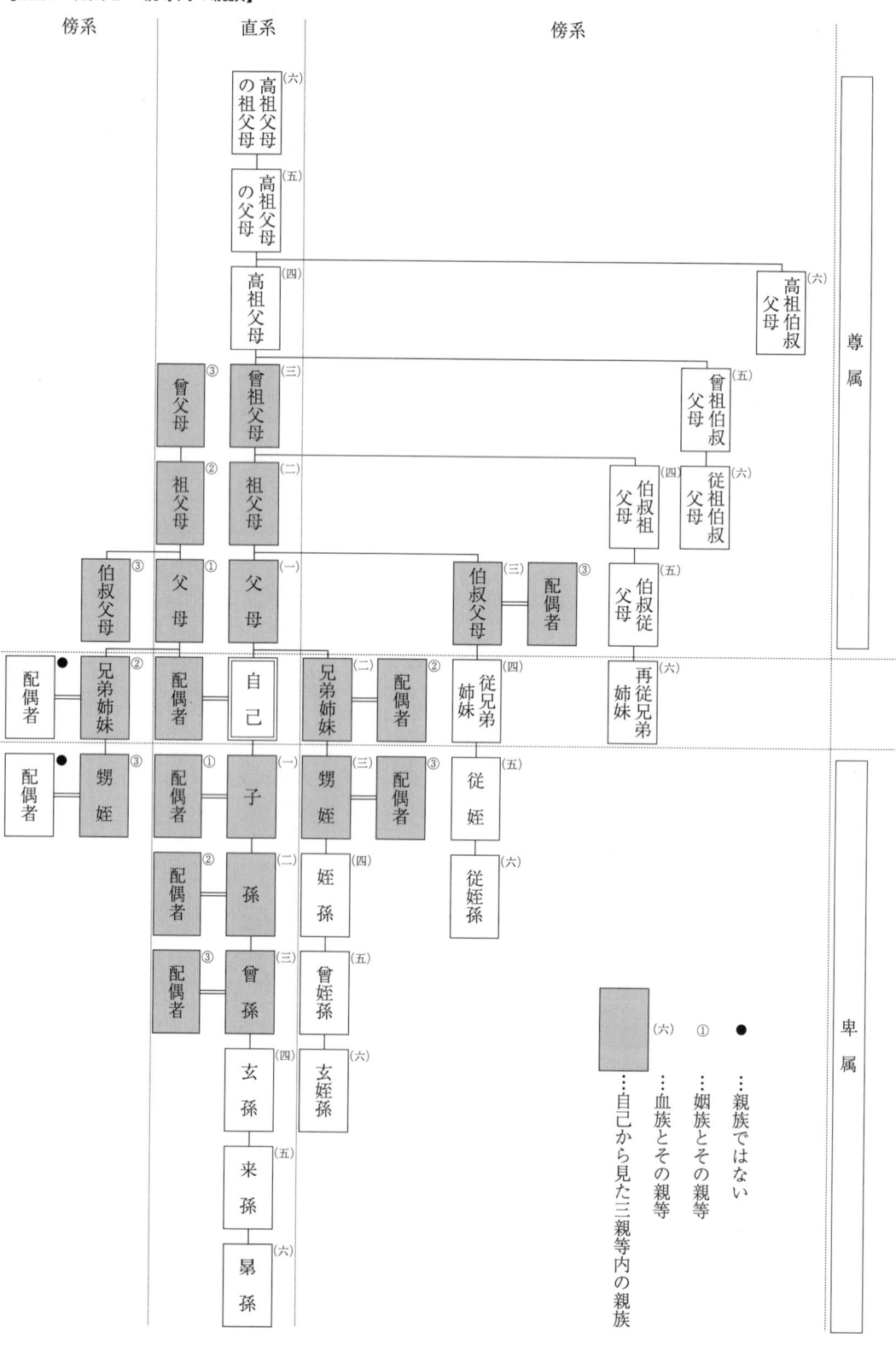

傍系	直系	傍系	
	(六) 高祖父母の祖父母		尊属
	(五) 高祖父母の父母		
	(四) 高祖父母	(六) 高祖伯叔父母	
③ 曾父母	(三) 曾祖父母	(五) 曾祖伯叔父母	
② 祖父母	(二) 祖父母	(四) 伯叔祖父母 / (六) 従祖伯叔父母	
③ 伯叔父母	① 父母 / (一) 父母	(三) 伯叔父母 / ③ 配偶者 / (五) 伯叔従父母	
● 配偶者 / ② 兄弟姉妹	① 配偶者 / 自己	(二) 兄弟姉妹 / ② 配偶者 / (四) 従兄弟姉妹 / (六) 再従兄弟姉妹	
● 配偶者 / ③ 甥姪	① 配偶者 / (一) 子	(三) 甥姪 / ③ 配偶者 / (五) 従姪	卑属
	② 配偶者 / (二) 孫	(四) 姪孫 / (六) 従姪孫	
	③ 配偶者 / (三) 曾孫	(五) 曾姪孫 / (六) 玄姪孫	
	(四) 玄孫		
	(五) 来孫		
	(六) 昆孫		

凡例:
- ▨ (六)…親族ではない
- ① ●…姻族とその親等
- (六) …血族とその親等
- …自己から見た三親等内の親族

168

【公益認定の基準：第11号】その1

> 他の同一の団体（公益法人又はこれに準ずるものとして 政令 で定めるものを除く。）の理事又は使用人である者その他これに準ずる相互に密接な関係にあるものとして政令で定める者である理事の合計数が理事の総数の三分の一を超えないものであること。監事についても、同様とする。

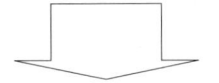

⬇

> 「公益法人又はこれに準ずるものとして政令で定めるもの」については、当面規定しないことが適当である。

〔答申の考え方〕

　公益法人が特定の者に特別の利益を与えてはならないことが認定基準となっていますが、明らかに特別の利益を供与するとまでは至らなくとも、特定の者の利益に資するような活動を行うことは、不特定かつ多数の者の利益の増進に寄与するという公益法人の目的に照らし適当ではありません。

　ここで、仮に同一の団体の関係者である理事が理事の総数の一定割合以上を占めると、それらの者により理事会が支配され、当該同一の団体の利益に基づいて法人の運営がなされるおそれがあります。また、監事についても、同一の団体の関係者が一定割合以上を占めると、理事に対する監査機能が不十分となるおそれがあります。

　本号の認定基準は、このような事態を回避するために設けられていると解されます。認定基準の趣旨は前号と類似し、前号は親族等の一定の範囲の者とされていますが、本号では同一の団体の関係者を対象としています。

　公益法人は、本法による組織運営上の種々の基準に従い不特定多数の者の利益のために事業を行うものであることから、仮に他の公益法人の関係者である理事が理事の総数の一定割合を占め、当該他の公益法人の利益に沿った法人の運営がされたとしても、最終的には不特定かつ多数の者の利益の増進に寄与することが想定されるため、公益法人は、本号にいう「他の同一の団体」からは除かれているものと解されます。

　そして、本号は、公益法人に準ずる団体も本号の規制の対象から除くものとし、これを政令で定めるべきものとしていますが、現在のところ、その目的、組織運営等において公益法人と同等と評価すべき団体は見当たらないため、政令で上記団体を定める必要はないと考え

られています。

〔私見〕

認定要件の趣旨は、第10号と同様です。第10号がその者と三親等内の親族等特別の関係のある者を同一の理事グループと見立てているのに対して、第11号はその者と他の同一の団体の関係者を同一意思で構成されている理事グループと判定するところに違いがあります。いずれにしても誰を中心として判定するかによって、そのグループの構成員は変化することが想定されます。このようなケースは、どの理事を中心としてグループ判定をした場合であっても、理事の総数の3分の1を超えてはならないということだと思われます。

また、他の同一の団体のカッコ書には、「公益法人又はこれに準ずるものを除く」と規定されており、他の同一の団体から複数の者が理事として就任しても、同一グループの判定とはならない団体の範囲を明示しています。しかしながら、公益法人（認定法では公益社団法人と公益財団法人をいいます。）のみとなっているため、現時点では同法人が存せず、他の同一の団体から複数の理事を選任した場合には、同一グループとみなされることになります。

【公益認定の基準：第11号】その2

> 他の同一の団体（公益法人又はこれに準ずるものとして政令で定めるものを除く。）の理事又は使用人である者その他これに準ずる相互に密接な関係にあるものとして政令で定める者である理事の合計数が理事の総数の三分の一を超えないものであること。監事についても、同様とする。

⬇

他の同一の団体の理事又は使用人である者その他これに準ずる相互に密接な関係にあるものは、次に掲げる者とする（認定法令5）。
(1) 当該団体の理事以外の役員（人格なき社団等で代表者等の定めがある場合には当該代表者等を含める。）又は業務を執行する社員である者
(2) 次に掲げる団体においてその職員（国会議員及び地方公共団体の議会の議員を除く。）である者
　ア　国の機関
　イ　地方公共団体

ウ　独立行政法人、国立大学法人、大学共同利用機関法人、地方独立行政法人、特殊
　　　法人、認可法人

〔答申の考え方〕

　本号では他の同一の団体の関係者として理事又は使用人を規定し、政令でこれらに準ずる者を定めています。これにより、理事に準ずる団体の運営上の地位、権限を有する者として団体の役員又はこれに相当する者があるため、これらを理事に準ずる者として定め、かつ、団体によっては使用人の代わりにこれに相当する者として職員が置かれているところがあるため、これらの職員を使用人に準ずる者として定めています。

具体例　他の同一の団体の構成割合

理事の構成員	他の同一の団体の判定	〔判　定〕
D氏（甲財団法人の理事）	該当しない	
E氏（乙財団法人の理事）	該当しない	1/3≦1/3　∴要件合致
F氏（丙財団法人の理事）	該当しない	

　※　甲財団法人、乙財団法人及び丙財団法人は、同一の業界の関係者に該当します。
　　　しかし、D氏、E氏、F氏ともに同一の団体に属していないため、グループ判定の必要がありません。

理事の構成員	他の同一の団体の判定	〔判　定〕
G氏（丁社団法人の理事）	該当しない	
H氏（戊社団法人の理事）	該当する（戊グループ）	H氏＋I氏＝2人
I氏（戊社団法人の使用人）	該当する（戊グループ）	2/3＞1/3　∴要件不備

　※　丁社団法人及び戊社団法人は、同一の業界の関係者に該当します。
　　　H氏とI氏は、戊社団法人グループとしてカウントすることになります。
　　　この具体例の場合、他の同一の団体から各一人理事として6名迎えることができるならば、2/9（1/3）となるため要件を満たすことになります。

〔私見〕

　これまでは、同一の業界の関係者が理事の多数を占めている場合には、そのような法人は、積極的に不特定多数の者の利益の実現ではなく、その業界のみの利益や親睦を目指すものとなるおそれがあることから、同一の業界の関係者が理事現在数の2分の1以下とする必要があるとされてきました。ところが、認定要件では、他の同一の団体というグループ判定に変わったことにより、理事の構成に対する考え方が緩くなったといえます。

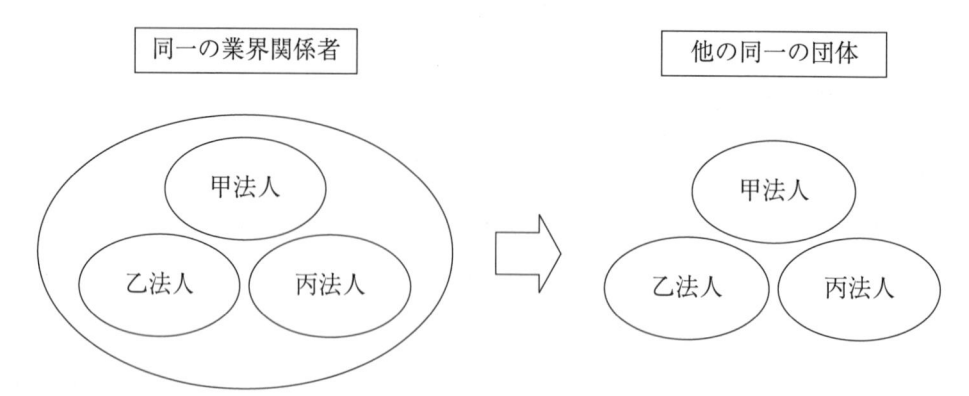

　　　　　同一の業界関係者　　　　　　　　　　他の同一の団体

```
   ┌─────────────────┐              ┌─────────────────┐
   │      甲法人     │              │      甲法人     │
   │                 │     ⇒        │                 │
   │  乙法人  丙法人 │              │  乙法人  丙法人 │
   └─────────────────┘              └─────────────────┘
```

※業界関係者で一のグループ　　　　　　※団体単位となるためグループではない

　同一の業界の関係者という括りで認定要件が解釈される場合には、他業界から理事等を確保することになり、相当厳しいと言われてきました。ところが他の同一の団体の解釈は、基本方針として、団体単位でグループ判定をする方向性であるとされ、門戸が広がったと感じます。また、これまでは、国等の機関の職員であっても、退職後10年以上経過した後に理事に就任した場合には、同一の業界の関係者にはならないとされてきました。認定法では、この点においても特に定めはないことから、現職のみで判定すると考えられます。

　ただし、これらの判断は私見であるため、今後の運用を見据えて解釈を見定めなければなりません。

【公益認定の基準：第12号】

> 　会計監査人を置いているものであること。ただし、毎事業年度における当該法人の収益の額、費用及び損失の額その他の **政令** で定める勘定の額がいずれも **政令** で定める基準に達しない場合は、この限りでない。

⬇

> 　会計監査人を置くことを要しない公益法人の基準は、次に掲げるすべての金額に満たない法人をいう（認定法令6）。
> (1)　損益計算書の収益の部に計上した額の合計額　　　　1,000億円
> (2)　損益計算書の費用及び損失の部に計上した額の合計額　1,000億円
> (3)　貸借対照表の負債の部に計上した額の合計額　　　　　50億円

第Ⅷ章　公益法人制度改革の概要と運用の検討

〔答申の考え方〕

　一般社団・財団法人法において、負債額200億円以上の法人については、債権者をはじめとして利害関係人が多く、経理も複雑であるため会計監査人の設置が義務付けられています。公益法人については、公益法人に対する税制上の措置が講じられることから、一般社団法人・一般財団法人以上に情報開示が求められ、法人の規模に配慮して一定の基準に達しない場合を除き、外部監査を義務付けたものと考えられます。政令で定める一定の基準は、指標となる勘定科目とその金額で構成されていますが、勘定科目としては、一般社団・財団法人法のみならず、他の法人法制において外部監査を義務付けている場合、基本的には負債概念が採用されており、公益法人においても負債勘定を用いることが妥当と考えられます。その上で、どの範囲の公益法人に会計監査人の設置を求めるかを検討するに当たっては、本号に基づく義務は、国が認定した法人のみならず、都道府県が認定した法人にも同様の義務が課せられること、会計監査人の設置には一定の継続的財政負担を伴うとともに、その支出が管理費に計上されること等に配慮する必要があります。

　本号の外部監査を義務付ける基準については、現在「公益法人の指導監督体制の充実等について（平成13年2月9日公益法人等の指導監督等に関する関係閣僚会議幹事会申合せ）」に基づいて、各府省が負債額50億円以上の法人に外部監査を要請していること等を踏まえて総合的に判断すると、負債額50億円に達しない法人については外部監査を要しないとするべきです。

〔私見〕

　会計の公平、公正、真実性などを追究する場合において、第三者専門機関から評定を得ることは、常套手段といえます。しかしながら、実費コストの問題、取引規模を勘案した場合の重要性などを斟酌しなければ、公益認定の道を狭めかねません。そこで、会計監査人の設置を義務付けない認定要件の緩和は、実質を考慮した運用となっています。

　とはいえ、第2号の「公益目的事業を行うのに必要な経理的基礎及び技術的能力を有するもの」という認定要件は、会計監査人を機関に設置していない法人にとって、あらためて向き合うテーマとなります。さらに、監事又は顧問として税理士や公認会計士が関与していない場合には、個別判定に目線が移動することになります。そのため、第12号の適用が免れた法人は、第2号の判定に比重が置かれると考えておきましょう。

【公益認定の基準：第13号】

> その理事、監事及び評議員に対する報酬等（報酬、賞与その他の職務遂行の対価として受ける財産上の利益及び退職手当をいう。以下同じ。）について、内閣府令で定めるところにより、民間事業者の民間事業者の役員の報酬等及び従業員の給与、当該法人の経理の状況その他の事情を考慮して、不当に高額なものとならないような支給の基準を定めているものであること。

⬇

> 報酬等の支給基準に定める事項は、理事等の勤務形態に応じた報酬等の種類、金額の算定方法、支給の方法及び形態が明らかになるよう定めることが適当である（認定法規則3）。

〔答申の考え方〕

理事等に対する報酬等が不当に高額なものとなり、法人の非営利性を潜脱することとならないよう、支給水準の適切さや支給の透明性が保たれる必要があります。したがって、支給基準においては、理事等の種別ごとに報酬等を構成する支給項目、支給額、支給の方法や形態が、一般に理解することができる程度に明らかになるよう、支給基準の要素となる事項を定めることとされました。

〔私見〕

公益法人の理事等は、無給のケースも珍しくなく、また報酬を支払う場合においても、内部の報酬規程等でルール化しているのがセオリーです。そのため、この認定要件の合致は、容易な項目といえるのではないでしょうか？

また、公益認定の申請書類には、理事等の報酬規程等を添付することにより、要件を充足していることが確認できます。

【公益認定の基準：第14号】

> 一般社団法人にあっては、次のいずれにも該当するものであること。
> イ　社員の資格の得喪に関して、当該法人の目的に照らし、不当に差別的な取扱いをする条件その他の不当な条件を付していないものであること。
> ロ　社員総会において行使できる議決権の数、議決権を行使することができる事項、議決権の行使の条件その他の社員の議決権に関する定款の定めがある場合には、その定めが次のいずれにも該当するものであること。
> 　(1)　社員の議決権に関して、当該法人の目的に照らし、不当に差別的な取扱いをしないものであること。
> 　(2)　社員の議決権に関して、社員が当該法人に対して提供した金銭その他の財産の価額に応じて異なる取扱いを行わないものであること。
> ハ　理事会を置いているものであること。

〔私見〕

　この認定要件は、特例社団法人について、社員の権限の公正性を担保しているものです。ほぼ定款の内容で判断できるものであるため、大きなテーマとはならないと感じます。

　しかし、一般社団法人において任意となっている機関のうち、認定要件上では、理事会の設置が義務付けられていること、理事会の設置に伴い監事の設置が必要になることに留意しなければなりません。

(5)　法人の財産に関するもの

【公益認定の基準：第15号】その1

> 　他の団体の意思決定に関与することができる株式その他の 内閣府令 で定める財産を保有していないものであること。ただし、当該財産の保有によって他の団体の事業活動を実質的に支配するおそれがない場合として政令で定める場合は、この限りでない。

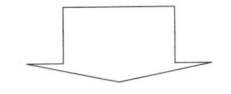

⇩

> 他の団体の意思決定に関与することができる財産とは、次に掲げるものをいう（認定法規則4）。
> (1) 株式
> (2) 特別の法律により設立された法人の発行する出資に基づく権利
> (3) 合名会社、合資会社、合同会社又は社団法人の社員権
> (4) 民法第667条第1項に規定する組合契約、投資事業有限責任組合契約に関する法律第3条第1項に規定する投資事業有限責任組合契約又は有限責任事業組合契約に関する法律第3条第1項に規定する有限責任事業組合契約に基づく権利（公益法人が業務執行者であるものを除く。）
> (5) 信託契約に基づく委託者又は受益者としての権利（公益法人が受託者であるものを除く。）
> (6) 外国の法令に基づく財産のうち、上記(1)〜(5)に準ずるもの

〔答申の考え方〕

　公益法人が株式等の保有を通じて営利法人等の事業を実質的に支配し、実態として営利法人類似の活動を行うことは、本来は一定の条件の下で可能な収益事業等が無制限に拡大し、公益目的事業比率に係る認定基準の潜脱につながることから、本号で法人の財産保有に一定の制約が課せられているものと考えられます。したがって、法人が保有してはならない財産として内閣府令で定める内容としては、法で例示されている株式をはじめ、収益事業を行うことが可能な事業体の意思決定に実質的に関与することができる財産と一般に考えられるものを規定することとします。

　ただし、公益法人が自ら業務執行者である組合契約や、受託者である信託契約においては、これらの事業体に係る事業は法人自らが行っており、法の規定の潜脱にはならないものと解されるため、規制の対象から除外することとします。

〔私見〕

　特別の利益を与えないという認定要件として、取引規範から第3号及び第4号、理事等の構成から第10号及び第11号、保有財産からの牽制として第15号が掲げられています。特定の個人又は法人との特別な利害関係の脱却について、四方八方から防御している姿勢は、特に注意を払うべき必要があると感じます。

第Ⅷ章　公益法人制度改革の概要と運用の検討

【公益認定の基準：第15号】その2

> 他の団体の意思決定に関与することができる株式その他の内閣府令で定める財産を保有していないものであること。ただし、当該財産の保有によって他の団体の事業活動を実質的に支配するおそれがない場合として 政令 で定める場合は、この限りでない。

⬇

> 他の団体の意思決定に関与することができる株式その他の財産を保有することができる場合は、次に掲げるとおりである（認定法令7）。
> (ア) 他の団体の事業活動を実質的に支配するおそれがない場合とは、株主総会など当該団体の事業活動の方針を決定する機関における議決権の過半数を有していない場合とすることが適当である。
> (イ) 他の団体の事業活動を実質的に支配するおそれがない場合とは、株主総会など当該団体の事業活動の方針を決定する機関における議決権の過半数を有していない場合とすることが適当である。

〔答申の考え方〕

公益法人は、他の団体の事業活動を実質的に支配するおそれがない場合には、前記の財産を保有することができますが、そのような場合を定めるに当たっては、

① 財産保有の可否を客観的に判断できることが望ましいこと
② 公益法人の事業活動の多様性や活動実績にかんがみ、財産保有の自由度や事業運営に過度の制約とならないよう配慮することが望ましいこと
③ 一般社団法人・一般財団法人の「子法人」とは100分の50を超える議決権を有する法人と定義されていること

から、当該団体の事業活動の方針を決定する機関における議決権の過半数を有していない場合としています。

〔私見〕

議決権を過半数有することで、完全なる支配権を有することになります。その反対の考え方として、議決権が過半数なければ否決される可能性があるわけですから、意のままにコントロールができないことになります。それゆえ、過半数を指標にすることはセオリーといえます。

なお、過半数の判定は、その法人と特別の関係のある者等との間で、実質的かつ直接又は間接な保有の側面から、グループ判定がなされることも考えられます。

【公益認定の基準：第16号】

> 公益目的事業を行うために不可欠な特定の財産があるときは、その旨並びにその維持及び処分の制限について、必要な事項を定款で定めているものであること。

〔私見〕

これまで曖昧であった、公益目的事業と収益事業等とを分離する意向が、認定要件の中に散りばめられています。この第16号では、公益目的事業財産を区分し、その管理保全に関する必要事項を定款に定めることとしています。

これにより、公益目的事業財産の管理状況は痕跡がクリアとなり、公益目的事業の変更等に伴う財産の区分変動も厳格な手続きが要請されることになります。認定申請時における要件の充足判定においては、定款の確認程度になると思われ、その後の運用に状況を監視されるテーマになると思われます。

【公益認定の基準：第17号】

> 第29条第１項若しくは第２項の規定による公益認定の取消しの処分を受けた場合又は合併により法人が消滅する場合（その権利義務を承継する法人が公益法人であるときを除く。）において、公益目的取得財産残額（第30条第２項に規定する公益目的取得財産残額をいう。）があるときは、これに相当する額の財産を当該公益認定の取消しの日又は当該合併の日から一箇月以内に類似の事業を目的とする他の公益法人若しくは次に掲げる法人又は国若しくは地方公共団体に贈与する旨を定款で定めているものであること。
>
> イ　私立学校法（昭和24年法律第270号）第３条に規定する学校法人
> ロ　社会福祉法（昭和26年法律第45号）第22条に規定する社会福祉法人
> ハ　更生保護事業法（平成７年法律第86号）第２条第６項に規定する更生保護法人
> ニ　独立行政法人通則法（平成11年法律第103号）第２条第１項に規定する独立行政法人
> ホ　国立大学法人法（平成15年法律第112号）第２条第１項に規定する国立大学法人又は同条第３項に規定する大学共同利用機関法人
> ヘ　地方独立行政法人法（平成15年法律第118号）第２条第１項に規定する地方独立

> 行政法人
> ト　その他イからへまでに掲げる法人に準ずるものとして 政令 で定める法人

⬇

> 　公益目的取得財産残額に相当する額の財産の贈与を受けることができる法人とは、次に掲げるものをいう（認定法令8）。
> (1)　特殊法人（法律により直接に設立され又は特別の法律により特別の設立行為をもって設立された法人であって、総務省設置法第4条第15条の規定の適用を受けるもの（株式会社であるものを除く。））
> (2)　次のいずれにも該当する法人
> 　ア　法令において、当該法人の主たる目的である事業が、学術、技芸、慈善、祭祀、宗教その他の公益に関するものであることが定められていること
> 　イ　法令又は定款等により、それぞれの役員について、当該役員、その配偶者及び三親等内の親族である役員が役員の総数の三分の一を超えてはならない旨の定めがあること
> 　ウ　法令及び定款等において、法人の構成員に剰余金の分配を受ける権利を与える旨の定めがないこと
> 　エ　法人の構成員や役員及びこれらの配偶者又は三親等内の親族に対して特別の利益を与えないことについて、行政機関の許認可等を受けていること
> 　オ　法令又は行政機関の許認可等を受けた定款等により、残余財産を当該法人の目的に類似する目的のために処分し、又は国、地方公共団体に帰属させることが定められていること

〔答申の考え方〕

　公益法人が公益目的事業のために取得、形成した財産は、公益認定を取り消されたり、法人が清算をするなどした場合においても、引き続き公益的な活動に使用されることが確保されていなければなりません。したがって、このような財産を引き継ぐ法人は、公益的な活動を目的とし、財産を公益的な活動のために使用、処分することが明らかである必要があります。

　本号では、財産の帰属先として、国、地方公共団体に加え、類似の事業を目的とする公益

法人、学校法人、社会福祉法人、更生保護法人、独立行政法人、国立大学法人、大学共同利用機関法人、地方独立行政法人が列挙されているところ、これらに準ずるものとして、株式会社ではない特殊法人、目的が公益にある法人で、一定の利害を同じくする者に支配されたり特別の利益を与えたりすることがなく、剰余金や残余財産が公益的な活動に使用されることが確保されている法人を追加することとしています。

〔私見〕

　特例民法法人は、現状の定款又は寄附行為において、法人の清算時における財産の帰属先を定めているケースが多いのではないでしょうか。さらに、定款等の記載についても、類似の事業を目的とする他の公益法人を財産の帰属先としていることが多いようです。それゆえ、これまでの思考を踏襲した定款の作成を実施することで、この認定要件は充足できるはずです。

　むしろ、認定が取り消された後の財産の帰属先をあらかじめ定めておくことを認定要件の一つになっているという点は、安易な認定申請に対する大きな牽制効果を有していると感じます。

【公益認定の基準：第18号】

> 清算をする場合において残余財産を類似の事業を目的とする他の公益法人若しくは前号イからトまでに掲げる法人又は国若しくは地方公共団体に帰属させる旨を定款で定めているものであること。

〔私見〕

　第17号の私見において触れましたが、すでに定款等に定めている法人も多いと思われます。認定申請においては、定款の添付によって、第17号及び第18号に係る要件の充足が確認できます。

3．公益認定の申請

　約25,000法人存すると言われている特例民法法人は、一般社団法人又は一般財団法人に対する収益事業課税の適用の有無にも左右されますが、その大半が公益認定を目指すものと思われます。また、認定申請が集中するのは、3月決算法人を前提としますと新制度がスタートする平成20年12月1日直後の決算確定後となる、翌年6月～7月になるのではないでしょうか？　その最速の日程から、バックデイトによりスケジュールを組むとすれば、法人サイドの意見交換や申請の準備は、最低でも1年程度前（平成20年6月～7月）からスタートする必要があると思います。

　認定申請に係る運用の情報収集、内部機関の意思統一、認定要件の充足と証明書類の整備、申請書類の作成その他課題は山積みです。まだ5年以上もあるという意識ではなく、新制度施行をアクションの時期と見定める、ゆとりある準備が肝要です。

様式第一号（第五条第一項関係）

　　　　　　　　　　　　　　　　　　　　　　　　　　年　　月　　日

　　殿

　　　　　　　　　　　　　　　　　　法人の名称
　　　　　　　　　　　　　　　　　　代表者の氏名　　　　　　印

公益認定申請書

　公益社団法人及び公益財団法人の認定等に関する法律第5条に規定する公益認定を受けたいので、同法第7条第1項の規定により、下記のとおり申請します。

　　　　　　　　　　　　　　　　　記

1　主たる事務所の所在地

2　従たる事務所の所在地

3　公益目的事業を行う都道府県の区域

4　公益目的事業の種類及び内容

5　収益事業等の内容

（備考）
1　用紙の大きさは、日本工業規格A列4番とすること。
2　3には、定款に定めがある場合にのみ記載すること。

〔添付書類〕※日本工業規格A列4番統一

(ア) 経理的基礎を有することを明らかにする書類
　㋐　財産目録
　㋑　貸借対照表
　㋒　事業計画書及び収支予算書の根拠となる資料（例えば損益計算書）
　㋓　その他経理的基礎を有することを確認するための書類（一定の帳簿を備え付けていること、不適正な経理を行っていないこと、財産管理の体制整備がなされていること、開示能力があること等を明らかにする書類、例えば会計処理規程、監査報告書その他）

(イ) 上記(ア)以外の書類
　㋐　登記事項証明書
　㋑　役員等の名簿
　㋒　国税、地方税の納税証明書
　㋓　上記のほか、認定基準、欠格事由の審査のために必要な書類

　添付書類のうち、(ア)㋓及び(イ)㋓は、法人ごとにアピールの方法が異なるため書類整理に工夫が必要となります。言わばノウハウとなる認定申請書類の整備については、十分な検討を重ねた上、要件を充足する確実な主張が伝わるように心掛けます。

5 今後の注目すべき動向

　公益認定要件については解釈上不明瞭な点が多く、判断に迷うところが散見しています。新しい制度は、実務の中で成熟するまでは仕方がないことです。それでも、下記図表64に掲げる事項は、現在審議渦中であり、ガイドラインと称して平成20年の春頃に公開されると言われています。

　本ガイドラインによって、すべてがクリアになることは困難ですが、解釈上の重要な指針になることは確かであると思われます。そのため、特例民法法人の移行の準備手続きは、ガイドラインの公開を待って、本格的な指導が行われるものと理解されます。

図表64　ガイドラインに係る主な検討事項

区　　分		関　連　条　文
公益認定法 （二階法）	第2条第四号	「不特定かつ多数の利益の増進」についての考え方
	第5条第二号	「経理的基礎」の解釈、技術的能力」の解釈
	第5条第六号	「当該公益目的事業に係る収入がその実施に要する適正な費用を償う額を超えない」の解釈
	第5条第八号 第15条	「公益目的事業比率」の算定の詳細 ①　事業費、管理費に共通する費用の配賦の考え方 ②　無償提供された役務の算入を認める具体例、求められる証憑の詳細
	第5条第九号 第16条第2項	遊休財産額に算入しないものの具体例
	第5条第十六号	「事業不可欠特定財産」の具体例
整備法	第119条第1項	公益目的支出計画の具体的な作成方法（様式、記入要領）

第Ⅸ章　公益法人関係税制の方向性

（1）　公益法人制度改革に伴う税制上の対応

　平成14年3月29日『公益法人制度の抜本的改革に向けた取組みについて』を口火に、公益法人制度改革が本格的にスタートしたのは先に述べたとおりです。現時点（平成19年12月時点）においては、平成20年3月に予定されているガイドラインの公開が、大改革の最終的な道筋となるわけです。しかしながら、特例民法法人にとっては、公益社団法人又は公益財団法人を目指して認定を受けるか、一般社団法人又は一般財団法人とするかは、ややもすると税制の方向性に甚大な影響があると言われてきました。

　平成19年12月13日、平成20年度税制改正大綱が自由民主党から発遣され、公益法人課税の輪郭が見えてまいりました。「来年12月から施行予定である新しい公益法人制度に対応し、税制面からも民間の公益活動を支えていくため、公益社団法人・公益財団法人について、公益目的事業から生じる収益を非課税とするとともに、特定公益増進法人と位置づけ寄附優遇の対象とする等の措置を講ずる。」、「準則主義で設立可能となる一般社団法人・一般財団法人については、様々な態様の法人に対応する税制を整備し、課税の適正・公平を図る。」、「固定資産税等については、公益社団法人・公益財団法人に対して旧民法34条法人と同様の非課税措置を講ずるとともに、一般社団法人・一般財団法人に移行した法人が設置する既存の施設については平成25年度まで同様の措置を講じた上、その間にできるだけ速やかに検討を行い、適切な措置を講ずる。」と基本的な考え方を明らかにしております。今後も新たな公益法人制度に基づく事業運営状況を見定めながら、税制改革は推し進められていくものと考えられますが、大きな道筋が見えたことにより、認定を受けるための準備が、俄かに活発化されることと推察されます。

（2） 法人税における公益法人課税の概要

　税制改正の中で最も注目されていたのは、一般社団法人・一般財団法人に対する法人税等の原則課税化が実施されるのかどうかでした。この点は、一般社団法人・一般財団法人を「非営利一般法人」と「普通法人」の2つに税務上区分し、前者について収益事業課税を維持して、後者にのみ普通法人と同様の原則課税を取り入れるということで決着を迎えるようです。この両者の区分については、平成17年6月17日に税制調査会、基礎問題小委員会・非営利法人課税ワーキング・グループから公開されている「新たな非営利法人に関する課税及び寄附金税制についての基本的考え方」（以下「基本的考え方」といいます。）において、「専ら会員のための共益的事業活動を行う非営利法人」や「非営利法人の剰余金の分配規制」などに着目し、課税することに否定的な意見が、そのまま反映されたものになっています。認定要件の一部をどうしても充足できず、やむなく一般社団法人・一般財団法人の道を選択するような特例民法法人にとっては、朗報といえるのではないでしょうか。

　当然のことでありますが、公益社団法人・公益財団法人については、収益事業課税を維持しております。ここで驚くべきことは、公益目的事業による所得が非課税になると明記されている点です。制度改革では事業の目的と対象者によって公益と収益を区分しているのに対し、税法では収入の発生源泉が33の特掲事業に該当すれば課税するという基本スタンスでした。つまり、不動産を貸し付けて収入を得ても「勤労意欲のある者に対する就労の支援」を目的とする事業として、「不特定かつ多数の者」を対象としているならば、非課税になるというのです。これまでの法人税等の基本的考え方を根本から覆す取扱いの変化は、公益法人の事業運営に対する本質的な税制のあり方であると感じられるところです。

　公益法人制度改革の柱である「公益目的事業」は、未だ概念がクリアでないため、議論の中心となっているテーマです。公益認定のキーポイントになると思われる「公益目的事業を行うことを主たる目的とすること」の要件は、公益法人税制のうち最大の恩恵をかざされたことにより、判定基準を巡ってさらなる議論が進められることでしょう。実務に向き合う目線では、公益社団法人・公益財団法人の認定後の事業運営の継続に大きな影響を与え、延いては課税上のテーマに派生することが感じられるところです。

　以下、平成20年度税制改正大綱における公益法人関連税制に関する内容を、整理・検討してみることとします。その際、基本的考え方を基礎にしながら整理をすることで、公益法人制度改革に基づく公益法人税制構築に至る伏線となる思考を理解するためのサポートにしたいと思います。

（３）　新たな法人制度における社団法人・財団法人に対する課税

区　分	公益社団法人 公益財団法人	一般社団法人・一般財団法人	
		非営利一般法人	普通法人
① 法人税の納税義務	収益事業課税	収益事業課税	全所得課税
② 課税所得の範囲	各事業年度の所得のうち収益事業から生じた所得について法人税を課税する。 収益事業の範囲から公益目的事業に該当するものを除外	各事業年度の所得のうち収益事業から生じた所得について法人税を課税する。	各事業年度の所得について法人税を課税する。
③ 適用税率	30％ （所得の金額のうち年800万円以下の部分については、22％）	同　左	同　左
④ みなし寄附金	収益事業に属する資産のうちから公益目的事業のために支出した金額は、その収益事業に係る寄附金の額とみなす。	適用なし （明示なし）	適用なし （明示なし）
⑤ 寄附金の損金算入限度額	いずれか多い金額 　(イ)　所得金額×50％ 　(ロ)　公益目的事業に使用することが確実である金額（収益事業に属する資産のうちから公益目的事業のために支出した金額を限度とする。）	所得金額×2.5％ （特定公益増進法人等に対する寄附金の場合は所得金額×5％） ※寄附をする立場	所得金額×2.5％ （特定公益増進法人等に対する寄附金の場合は所得金額×5％） ※寄附をする立場
⑥ 利子等に係る源泉所得税の取扱い	非課税	課　税	課　税

① 法人税の納税義務

公益社団法人・公益財団法人については、これまでどおり法人税等の収益事業課税が継続されます。また、一般社団法人・一般財団法人は、「非営利一般法人」に該当しますと法人税等の収益事業課税が適用され、その他の法人を「普通法人」と称して、本則どおり全所得課税を行うことになります。

② 課税所得の範囲

公益社団法人・公益財団法人及び一般社団法人・一般財団法人のうち非営利一般法人に係る各事業年度の所得に対する法人税の課税標準は、各事業年度の所得のうち収益事業から生じた所得の金額となります。さらに、公益社団法人・公益財団法人については、収益事業から生じた所得のうち、公益目的事業に該当するものに係る所得を課税標準から除外することになります。

なお、一般社団法人・一般財団法人のうち普通法人に係る各事業年度の所得に対する法人税の課税標準は、各事業年度の所得の金額となります。

③ 適用税率

公益法人は、公益活動の財源に充てるために収益事業を行っているという実態に配慮する必要があると考えられてきました。そのため、収益事業から生じた所得は、政策的観点から軽減税率の適用とみなし寄附金制度が設けられ、公益法人等の実質的な法人税負担が更に軽減されていました。

営利法人が同様の事業を行うことにより課税される水準を、公益法人という事業体のみを捉えて軽減税率（22％）を適用することは、収益事業課税の趣旨等に照らせば均衡が保てません。そこで、営利法人の基本税率（30％）との格差を縮小し、公益法人についても同等の税率を適用とすることになりました。なお、中小法人に対する年800万円以下の所得金額に適用される軽減税率については、公益法人に対しても措置されております。

④ みなし寄附金

みなし寄附金制度は、公益法人等が収益事業から生じる利益を非収益事業に支出した場合には、それを寄附金とみなして、寄附金の損金算入限度額（改正前所得金額の20％相当額）まで損金算入できる制度です。同制度については、公益法人等における財源面の実態に照ら

せば、収益事業からの利益が本来事業に充当されている限りにおいて、その損金算入限度額を拡充すべきであるとの考え方があります。他方では、収益事業に係る課税所得が減殺され、収益事業課税の趣旨が歪められているとの考え方もあります。

上述の基本的考え方を受け、平成20年度税制改正では、公益社団法人・公益財団法人について同制度を継続するとともに、損金算入限度額を拡大（原則として所得金額の50％相当額）し、一般社団法人・一般財団法人については適用対象から除外されています。

⑤ 寄附金の損金算入限度額

公益社団法人・公益財団法人にとっては、寄附金の損金算入限度額は損金算入枠であるため、みなし寄附金制度の適用上、所得金額の計算に直接影響のある規定です。平成20年度税制改正では、所得金額の50％相当額と公益目的事業に使用することが確実である金額（収益事業に属する資産のうちから公益目的事業のために支出した金額を限度とします。）とのいずれか多い金額とし、これまでの所得金額の20％相当額に比して大幅な拡大が施されています。

この改正の背景には、「公益法人の設立許可及び指導監督基準の運用指針　平成8年12月19日　公益法人等の指導監督等に関する関係閣僚会議幹事会申合せ」において、「収益事業からの利益は、法人の健全な運営に必要な額以上を管理費や資産拡大のために充当すべきではなく、公益事業のために積極的に用いる必要があり、公益事業のために使用する額は可能な限り2分の1以上とする必要がある。」という主務官庁の指導指針、かつ、整備法規則第48条における公益目的財産残額に含まれるものとして「各収益事業等から生じた収益の額に100分の50を乗じて得た金額」が定められていることから、流用されたのではないかと推察されます。

他方、一般社団法人・一般財団法人については、みなし寄附金制度が存しない以上、本制度は外部への寄附金を行う立場で向き合うことになります。そのため、活用頻度は極めてレアケースとなるでしょう。なお、特定公益増進法人の範囲には、公益社団法人・公益財団法人が含まれることになりました。これにより、たとえば一般社団法人・一般財団法人が、同一の業界に属する公益社団法人・公益財団法人に対して寄附を行った場合等には、損金算入限度額が2倍になります。

⑥ 利子等に係る源泉所得税の取扱い

公益法人等の場合、利子・配当等の金融資産収益に対する課税については、収益事業に属

するものを除き、法人税が非課税とされています。金融資産収益については、会費や寄附金収入とは異なり、公益法人等が事業活動を行う中で新たに発生した所得であって、経済的価値においては現在収益事業とされている金銭貸付業から生じた所得と同じであること等から一定の税負担を求めるべきとの考え方があります。他方、金融資産収益は、公益活動を支える不可欠な財源であり、政策的な配慮が引き続き必要であるとの考え方もあります。

　上述の基本的考え方を受け、利子等に係る源泉所得税について、公益社団法人・公益財団法人に対しては引き続き非課税とし、一般社団法人・一般財団法人は課税することになりました。

　なお、法人税法では、法人に対して課税された利子等に係る源泉所得税を法人税の前払いと考えて、確定法人税額から控除できる「所得税額控除」という制度があります（法法40、68）。そのため、収益事業課税を受ける一般社団法人・一般財団法人は、確定申告の際精算されるため実害は生じません。しかし、一般非営利法人に対する収益事業以外の事業について課税された利子等に係る源泉所得税については、精算の機会は存しないということになります。

第Ⅸ章　公益法人関係税制の方向性

（4）　非営利一般法人～収益事業課税法人

区　分	要　件
① 剰余金の分配等の制限のある一般社団法人又は一般財団法人	(イ)　剰余金の分配を行わない旨が定款において定められていること。 (ロ)　解散時の残余財産を国若しくは地方公共団体又は次に掲げる法人に帰属させる旨が定款において定められていること。 　㋑　公益社団法人又は公益財団法人 　㋺　公益社団法人及び公益財団法人の認定等に関する法律第5条第17号イからトまでに掲げる法人 (ハ)　理事及びその親族等である理事の合計数が理事の総数の3分の1以下であること。 (ニ)　(イ)と(ロ)の定款の定めに違反した行為を行ったことがないこと。
② 会員に対する共益活動を行う一般社団法人又は一般財団法人	(イ)　会員の相互の支援、交流、連絡その他の会員に共通する利益を図る活動を行うことを主たる目的としていること。 (ロ)　会員が負担すべき金銭（会費）の額が定款若しくは定款に基づく会員約款等において定められていること又は当該金銭の額を社員総会若しくは評議員会の決議により定めることが定款において定められていること。 (ハ)　特定の個人又は団体に剰余金の分配を受ける権利を与える旨及び残余財産を特定の個人又は団体（国若しくは地方公共団体又は次に掲げる法人を除く。）に帰属させる旨のいずれについても定款において定められていないこと。 　㋑　公益社団法人又は公益財団法人 　㋺　公益社団法人及び公益財団法人の認定等に関する法律第5条第17号イからトまでに掲げる法人 　㋩　類似の目的をもつ一般社団法人又は一般財団法人 (ニ)　理事及びその親族等である理事の合計数が理事の総数の3分の1以下であること。 (ホ)　主たる事業として収益事業を行っていないこと。 (ヘ)　特定の個人又は団体に特別の利益を与えないこと。

①　剰余金の分配等の制限のある一般社団法人又は一般財団法人

　公益法人課税のあり方を考える場合には、常に営利法人と比較されることになります。その中で両者の決定的な運営の違いは、出資者に対して利益の分配をするかどうかです。公益法人の剰余金は、言わば一過性のもので、いずれ公益目的事業等に費消されるべき財源となります。しかし、営利法人は、株主に対する還元（配当金）が、法人に求められている最大のテーマであり、運営上の根本的な相違がここにあります。この点が、公益法人に対して、営利法人と同様の原則課税に転換する際、割り切ることができない、組織運営上の特徴が顕

在化しているところです。

　剰余金の分配等の制限のある一般社団法人又は一般財団法人は、収益事業課税が実施されることから、租税回避の防止を目線に置いた非営利一般法人としての要件が付されています。

②　会員に対する共益活動を行う一般社団法人又は一般財団法人

　会員からの会費を原資として運営している公益法人は、それが会員向けの共益的事業活動に専ら費消され、会員がその潜在的受益者になることが想定されます。このような法人の事業運営の性格上、会員からの会費の収入時期と支出時期とのタイムラグにより一過性の「余剰」が生じることは避けられません。このような「余剰」への課税は、法人の事業活動実態に照らすと、必ずしも合理的とは言えません。

　上述の基本的考え方を受け、会員に対する共益活動を行う一般社団法人又は一般財団法人については、非営利一般法人として収益事業課税を実施することとしています。

（5）　収益事業課税法人に該当するための要件

　公益社団法人・公益財団法人又は一般社団法人・一般財団法人のうち非営利一般法人については、法人税等の収益事業課税が踏襲されています。税制優遇を継続させることを前提とした場合、特例民法法人がいずれの事業体に移行するかは、それぞれの事業運営や目的に左右されるところが大きいと考えられます。次の図表において、収益事業課税の適用を受ける法人に該当するための要件の要旨を併記する（○印は必要な要件）ことにより、事業体選定の際のサポートとさせていただきます。

　なお、下記表中非営利一般法人の区分は、①剰余金の分配等の制限のある一般社団法人又は一般財団法人、②会員に対する共益活動を行う一般社団法人又は一般財団法人として、公益認定要件に即して併記しました。

要　　　　件	公益社団法人 公益財団法人	一般社団法人 一般財団法人 （非営利一般法人）	
		①	②
1-1　公益目的事業を行うことを主たる目的とする	○	—	—
1-2　会員の共益を図る活動を主たる目的とする	—	—	○
1-3　会費が約款等で定められていること	—	—	○
2　公益目的事業を行うのに必要な経理的基礎及び技術的能力を有する	○	—	—

3　社員、評議員、理事、監事、使用人その他法人の関係者に対し特別の利益を与えない	○	—	○
4　株式会社その他の営利事業を営む者等に対し、寄附その他の特別の利益を与える行為を行わない	○	—	○
5　投機的な取引、高利の融資その他の事業を行わない	○	—	—
6　公益目的事業に係る収入がその実施に要する適正な費用を償う額を超えないと見込まれる	○	—	—
7　収益事業等を行うことによって公益目的事業の実施に支障を及ぼすおそれがない	○	—	○
8　公益目的事業比率が100分の50以上となると見込まれる	○	—	○
9　遊休財産額が保有制限を超えないと見込まれる	○	—	—
10　理事及びその配偶者又は3親等内の親族等である理事の合計数が理事の総数の3分の1を超えない（監事も同様）	○	○	○
11　他の同一の団体の理事又は使用人である者その他これに準ずる者である理事の合計数が理事の総数の3分の1を超えない（監事も同様）	○	—	—
12　一定の場合を除き会計監査人を置いている	○	—	—
13　理事、監事及び評議員に対する報酬等が不当に高額なものとならないような支給の基準を定めている	○	—	—
14　一般社団法人は、社員の資格の得喪に関して、不当に差別的な取扱いをする条件を付していないことその他	○	—	—
15　他の団体の意思決定に関与することができる株式その他一定の財産を保有していない	○	—	—
16　公益目的事業を行うために不可欠な特定の財産は、必要な事項を定款で定めている	○	—	—
17　公益認定の取消しの処分を受けた場合において、公益目的取得財産残額があるときは、これに相当する額の財産を公益認定の取消しの日から一箇月以内に類似の事業を目的とする他の公益法人等に贈与する旨を定款で定めている	○	—	—
18　清算をする場合において残余財産を類似の事業を目的とする他の公益法人等に帰属させる旨を定款で定めている	○	○	—
19　剰余金の分配を行わない旨が定款において定められている	—	○	—
20　18及び19の定款の定めに違反した行為を行ったことがない	—	○	—
21　特定の個人又は団体に剰余金の分配を受ける権利を与える旨及び残余財産を特定の個人又は団体に帰属させる旨が定款において定められていない	—	—	○

（6） 課税所得の範囲の変更に伴う所要の調整等

区　分	内　　　　容		
① 特例民法法人等の取扱い	旧民法第34条法人であった特例民法法人（移行法人への移行の認可の取消しを受けて特例民法法人とみなされた法人を除く。）については、従前どおり所得税法上の公共法人等及び法人税法上の公益法人等とするなど、特例民法法人及び特例無限責任中間法人については従前どおりの取扱いとする。		
② 普通法人に移行した場合等の取扱い		普通法人となった場合	普通法人に移行した場合（移行法人）
	公益社団法人 公益財団法人 非営利一般法人 特例民法法人	簿価純資産価額から利益積立金額を控除した金額（課税対象額）を益金の額に算入する。	課税対象額から公益目的財産残額を控除した金額を益金の額に算入する。
③ 非営利一般法人等に移行した場合の取扱い	普通法人である一般社団法人又は一般財団法人が、公益社団法人若しくは公益財団法人又は非営利一般法人となった場合には、解散及び設立があったものとして取り扱う。		
④ 適用時期	上記①②③の改正は、平成20年12月1日から適用する。		

① 特例民法法人等の取扱い

　旧民法第34条法人であった特例民法法人については、従前どおり所得税法上の公共法人等及び法人税法上の公益法人等とするなど、移行するまでは従前どおりの取扱いが継続されることになります。

　しかし、この取扱いからは、移行法人への移行の認可の取消しを受けて特例民法法人とみなされた法人が除かれています。つまり、申請の取消しを受けて事業体の方向性が棚上げとなっている特例民法法人に対しては、税制優遇措置が閉ざされることになるわけです。そのため、不利益を回避するため、移行の認可の申請手続きは、申請が取り消されることのないよう十分な検討が必要です。

② 普通法人に移行した場合等の取扱い

　特例民法法人は、これまで公益活動等を行ってきたことで、正味財産の中には税制上の優遇措置によって蓄積されてきたものが含まれていると考えることができます。

　ところで、同法人は、公益法人制度改革の流れを契機にして、一般社団法人又は一般財団

法人のうち普通法人に移行するケースも想定されます。基本的考え方では、営利法人との課税のバランスや租税回避の防止の観点から、優遇措置により蓄積された財産に対して、何らかの課税を行う必要があると述べられていました。

これにより、公益社団法人・公益財団法人又は非営利一般法人・特例民法法人が普通法人になった場合又は普通法人に移行した場合には、税制上の優遇措置によって蓄積されてきた財産の課税を行うという制度が創設されます。

【普通法人になった場合の取扱い】

〔貸借対照表〕

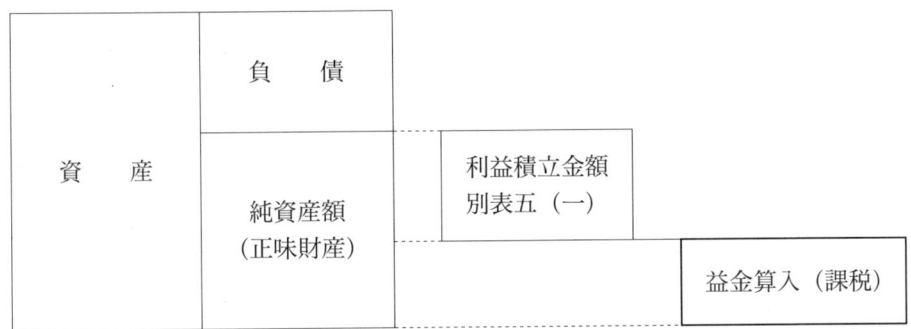

資　産	負　債
	純資産額（正味財産） → 利益積立金額 別表五（一）
	→ 益金算入（課税）

【普通法人に移行した場合の取扱い】

〔貸借対照表〕

資　産	負　債
	純資産額（正味財産） → 利益積立金額 別表五（一）
	→ 公益目的財産残額
	→ 益金算入（課税）

③　非営利一般法人等に移行した場合の取扱い

普通法人である一般社団法人又は一般財団法人が、公益社団法人若しくは公益財団法人又は非営利一般法人となった場合には、解散及び設立があったものとして取り扱うことになります。つまり、普通法人である一般社団法人又は一般財団法人は、移行の際、公益社団法人若しくは公益財団法人又は非営利一般法人に残余財産の寄附をして消滅すると考えられます。これにより、普通法人である一般社団法人又は一般財団法人の解散手続き上、寄附金課税のパイプを通すことになり、寄附金の損金算入限度額を超える部分の金額が損金不算入となる

ことから、想定外の課税問題が生ずる可能性があります。

（7） 公益法人制度改革に伴う寄附税制の整備

区　分	内　　　容
① 寄附金の損金不算入（法法37）	(イ) 特定公益増進法人の範囲に公益社団法人及び公益財団法人を追加する。 (ロ) 特例民法法人については、旧民法第34条法人と同様の措置を講ずる。
② 国等に対して財産を寄附した場合の譲渡所得等の非課税（措法40）	(イ) 対象法人の範囲に次の法人を追加する。 　① 公益社団法人及び公益財団法人 　⑪ 非営利一般法人のうち、剰余金の分配等の制限のある一般社団法人又は一般財団法人 (ロ) 非課税承認が取り消された場合 　寄附財産が対象法人の公益事業の用に供されなくなったこと等、一定の事由により非課税承認が取り消された場合には、その対象法人に対して、寄附時の譲渡所得等を承認取消年分の所得として所得税を課税する。 (ハ) 公益事業の用に供した後に譲渡する場合 　対象法人が、寄附財産を2年以上直接公益事業の用に供した後に譲渡する場合において、その譲渡による収入金額の全額をもって取得した代替資産（寄附財産と同種の資産等又は土地等）をその譲渡後1年以内に寄附財産と同じ公益事業の用に直接供するときは、寄附財産の譲渡及び代替資産の取得等に関する届出書の提出等一定の要件の下で、非課税特例を継続適用できることとする。 (ニ) 対象資産及び対象法人からの除外 　① 非課税特例の対象となる寄附財産の範囲から国外にある資産を除外する。 　⑪ 対象法人の範囲から外国法人に該当するものを除外する。 (ホ) 認定の取消しがあった場合 　当初寄附財産を含む公益目的の財産を他の公益法人等に対して寄附をするときは、その財産の寄附を受けた引継法人が引継財産を寄附後1年以内にその引継法人の公益事業の用に直接供すること、認定の取消し等及び引継財産に関する届出書を提出すること等、一定の要件の下で、非課税特例を継続適用できることとする。 (ヘ) 特例民法法人に対する経過措置 　特例民法法人（移行法人への移行の認可の取消しを受けて特例民法法人とみなされた法人を除く。）については、旧民法第34条法人と同様の措置を講ずる。

第Ⅸ章　公益法人関係税制の方向性

	(ト)	特例民法法人が移行する場合
		特例民法法人から公益社団法人若しくは公益財団法人又は一般社団法人若しくは一般財団法人へ移行する場合において、移行後の法人が寄附財産を直接移行後の公益事業の用に供するときは、移行に関する届出書の提出等一定の要件の下で、非課税特例を継続適用できることとする。
③　国等に対して相続財産を贈与した場合等の相続税の非課税等（措法70）	(イ)	非課税法人の範囲
		非課税法人の範囲に公益社団法人及び公益財団法人を追加する。
	(ロ)	経過措置
		特例民法法人については、旧民法第34条法人と同様の措置を講ずる。
	(ハ)	移行前贈与財産を公益事業の用に供している場合
		特例民法法人からの移行の際に非課税法人であった一般社団法人及び一般財団法人が、その移行前に贈与を受けた財産を公益目的支出計画に定める公益事業の用に供しているときは、非課税法人の公益事業の用に供されているものと同様の取扱いとする。
④　適用時期		上記①②③の改正は、平成20年12月１日から適用する。

①　寄附金の損金不算入制度の取扱い

(イ)　特定公益増進法人の範囲に、公益社団法人及び公益財団法人が追加されることになります。特定公益増進法人に対する寄附金の損金算入限度額は、通常の寄附金に比して２倍になるため、寄附を行うサイドからしますと、公益活動への助成思考に弾みがつきます。これにより、公益活動を行う事業体としての称号を得られた公益社団法人及び公益財団法人の資金調達は、さらにスムーズな土台が用意されていると考えることができます。

(ロ)　特例民法法人が、公益社団法人・公益財団法人又は一般社団法人又は一般財団法人に移行するまで５年間の猶予を与えられていますが、その間の税制上の取扱いは、ほぼ一貫して旧民法第34条法人と同様に取り扱われることになります。

②　国等に対して財産を寄附した場合の譲渡所得等の非課税（措法40）

(イ)　制度の概要

民法第34条の規定により設立された法人その他の公益を目的とする事業を営む法人に対して財産の贈与又は遺贈があった場合において、その財産が教育又は科学の振興、文化の向上、社会福祉への貢献その他公益の増進に著しく寄与することその他一定の要件を満たすものとして国税庁長官の承認を受けたものについては、所得税法第59条第１項第１号の規定の適用

については、当該財産の贈与又は遺贈がなかったものとみなします。つまり、この制度は、贈与者又は遺贈者の譲渡所得税が課税されないというものです。

　本制度により、贈与者又は遺贈者にとっては、無税で財産の移転が可能であること、残された財産の適用税率を引き下げる等の効果が生じます。また、受贈者である公益法人は、公益事業に活用する財産の提供を原則として無税で受けることができるわけです。

　(ロ)　手続規定

　この規定の適用を受けようとする者は、贈与又は遺贈により財産を取得する法人の事業の目的、その贈与又は遺贈に係る財産その他一定の事項を記載した申請書に、その申請書に記載された事項が事実に相違ないことをその法人において確認した書面を添付して、贈与又は遺贈のあった日から3月以内（その期間の経過する日前に贈与があった日の属する年分の所得税の確定申告書の提出期限が到来する場合には、その提出期限まで）に、納税地の所轄税務署長を経由して、国税庁長官に提出しなければなりません。

　つまり、この制度は、受贈者である公益法人との協力の上、贈与者又は遺贈者に対する譲渡所得税の非課税の適用が成り立つものといえます。

　(ハ)　改正の概要

　贈与等が譲渡所得税の対象となるという税法独特の思考は、なかなか理解ができないことかもしれません。それでも、本制度の適用がある場合には、譲渡所得税が非課税となるため、公益法人にとって資金調達の助長効果があります。

　平成20年度の税制改正では、本制度の適用対象となる寄附を受ける法人の範囲に、公益社団法人・公益財団法人及び非営利一般法人のうち、剰余金の分配等の制限のある一般社団法人又は一般財団法人が追加されることになります。

　しかしながら、非営利一般法人のうち、会員に対する共益活動を行う一般社団法人又は一般財団法人については、適用対象から除外されていることに留意しなければなりません。その他特例民法法人の取扱いなど、所要の措置が講じられています。

③　国等に対して相続財産を贈与した場合等の相続税の非課税等（措法70）

　(イ)　制度の概要

　相続又は遺贈により財産を取得した者が、その取得した財産をその取得後、その相続又は遺贈に係る相続税の申告書の提出期限までに、民法第34条の規定により設立された法人その

他の公益を目的とする事業を営む法人のうち、教育若しくは科学の振興、文化の向上、社会福祉への貢献その他公益の増進に著しく寄与するものとして一定の法人に贈与をした場合には、その贈与により、贈与をした者又はその親族その他これらの者と特別の関係がある者の相続税又は贈与税の負担が不当に減少する結果となると認められる場合を除き、贈与をした財産の価額は、その相続又は遺贈に係る相続税の課税価格の計算の基礎に算入しません。

　これにより、贈与をした財産に相当する相続税が非課税になるという効果が生じます。

　　(ロ)　手続規定

　上記(イ)の規定は、これらの規定の適用を受けようとする者の相続税の申告書に、これらの規定の適用を受けようとする旨を記載し、かつ、贈与をした財産の明細書その他一定の書類を添付しなければなりません。

　　(ハ)　改正の概要

　本制度は、上記②に掲げる「国等に対して財産を寄附した場合の譲渡所得等の非課税」制度と同様に、公益法人の財産形成に著しく寄与するものです。同制度が財産所有者からの生前における贈与等に対して、本制度は財産の承継者である相続人等からの贈与に対する優遇措置となります。

　平成20年度の税制改正では、本制度の適用対象となる寄附を受ける法人の範囲に、公益社団法人・公益財団法人が追加されることになります。

　しかしながら、一般社団法人又は一般財団法人については、適用対象から除外されていることに留意しなければなりません。その他特例民法法人の取扱いなど、所要の措置が講じられています。

（8）　公益法人制度改革に伴うその他の公益法人関係税制の整備

　公益法人制度改革に伴うその他の公益法人関係税制の整備として、特例民法法人等から、一般社団法人若しくは一般財団法人又は公益社団法人若しくは公益財団法人への移行に係る登記等については、登録免許税を非課税とするなど、下記に掲げるとおり所要の整備がなされています。

区　分	内　　容	
① 所得税 　法人税	㈜　優良住宅地の造成等のために土地等を譲渡した場合の長期譲渡所得の課税の特例等（長期譲渡所得の軽減税率）のうち、旧民法第34条法人を対象とする措置の対象範囲に公益社団法人及び公益財団法人を追加するほか、特例民法法人については、経過措置として、旧民法第34条法人と同様の措置を講ずる（措置法31の2）。 <table><tr><td>長期譲渡所得の軽減税率適用区分</td><td>適用税率</td></tr><tr><td>㋑　課税長期譲渡所得金額のうち2000万円以下相当額</td><td>10%</td></tr><tr><td>㋺　課税長期譲渡所得金額のうち2000万円超相当額</td><td>15%</td></tr></table>㋺　特定退職金共済制度の対象となる法人の範囲に公益社団法人及び公益財団法人を追加する。 　　なお、既に特定退職金共済団体の承認を受けている旧民法第34条法人については、引き続き制度の対象とする。	
② 登録免許税	〔課税範囲、課税標準及び税率の表の追加〕 <table><tr><td>㈜　一般社団法人及び一般財団法人の設立登記等</td><td>1件につき 6万円</td></tr><tr><td>㋺　公益社団法人及び公益財団法人に係る役員の変更登記等又は公益認定の際の変更登記</td><td>非課税</td></tr><tr><td>㈩　公益社団法人及び公益財団法人が学校の校舎等を取得した場合の不動産に関する権利の取得登記</td><td>非課税</td></tr><tr><td>㈻　特例民法法人等から一般社団法人若しくは一般財団法人又は公益社団法人若しくは公益財団法人への移行に係る登記等</td><td>非課税</td></tr></table>	
③ 消費税	一般社団法人及び一般財団法人を消費税法別表第三（特定収入に係る仕入税額控除の特例計算の対象法人など、消法60）に追加する。	
④ 適用時期	上記①②③の改正は、平成20年12月1日から適用する。	

（9） その他の関連諸制度の整備等

区　分	内　　容
① 収益事業の範囲	㈠ 労働者派遣業を追加する。 ㈡ 技芸の教授業について、次のとおり見直しを行う。 　㋑ 法律の規定に基づいて国の機関が付与する資格（いわゆる国家資格）に関する試験事業又は登録事業であって一定の要件を満たすものを、技芸の教授業の範囲から除外する。 　㋺ 外洋小型船舶の操縦の教習に係る除外措置を廃止する。 ㈢ 医師会等が行う開放型病院等に係る医療保健業の除外措置について要件の見直しを行ったうえで存続する等、収益事業に係る除外措置につき、所要の整備を行う。
② 合併が行われた場合の課税	一般社団法人及び一般財団法人を含む非出資法人については、共同事業を行うための適格合併の要件の判定に際し、株式保有要件を除外して判定する。
③ みなし事業年度	法人が収益事業課税から全所得課税へ移行した場合など、法人につき課税所得の範囲の変更等があった場合には、その前日までのみなし事業年度を設ける。
④ 収支計算書の提出対象法人の範囲	公益社団法人及び公益財団法人並びに非営利一般法人を収支計算書の提出対象となる法人の範囲に追加するほか、届出及び添付書類に関し所要の整備を行う。
⑤ 外国公益法人等の指定制度の廃止	所得税及び法人税における外国公益法人等の指定制度について、既に指定を受けている外国法人に対する所要の経過措置を講じたうえ、廃止する。
⑥ 贈与税等の租税回避の防止措置	一般社団法人及び一般財団法人等の持分の定めのない法人への贈与等を通じた贈与税等の租税回避について、次の措置を講ずる。 ㈠ 公益法人等に対する贈与等を利用した贈与税等の租税回避を防止するための制度について、適用対象を一般社団法人及び一般財団法人等の持分の定めのない法人とする。 ㈡ ㈠により持分の定めのない法人に贈与税等を課税する場合において、受贈益が当該法人の益金の額に算入される場合でも、当該法人に対し贈与税等を課税（法人税等は控除）する。 　また、人格のない社団又は財団への贈与税等の課税についても、同様の措置を講ずる。
⑦ 適用時期	上記の改正は、①㈠及び㈡、②並びに③を除き、原則として、平成20年12月1日から適用する。

① 収益事業の範囲

これまで収益事業該当業種は、33種類に特掲しておりました。平成20年度の税制改正において、「労働者派遣業」を追加することで、収益事業が34特掲事業に拡大されております。その他、技芸教授業及び医療保健業の範囲について見直しがなされております。

今後とも、公益法人制度改革後の事業運営状況に応じて、収益事業の範囲の見直しは余儀なくなされることと思われます。

② 合併が行われた場合の課税上の取扱い

公益法人制度改革後の一般社団法人及び一般財団法人は、一般法に定められる合併という組織再編成が実施されることが想定されます。

法人税法では、合併による事業体の結合について、被合併法人(消滅法人)の資産及び負債が、合併法人(存続法人)に対して、譲渡等がされたものとして取り扱うこととしています(非適格合併)。

ただし、次の(イ)から(ヘ)に掲げるすべての要件を充足する場合には、譲渡等として取り扱わずに、資産及び負債の単純承継として取り扱うこととしています(適格合併)。

適格合併に係る共同事業要件
(イ) 株式等以外の資産の交付なし ⇒株主等に対する剰余金の分配等に係る金銭又は資産の交付は、株式等以外の資産の交付が含まれないこと。
(ロ) 事業の相互関連性 ⇒被合併法人の主要な事業と合併法人の事業が相互に関連すること。
(ハ) 事業規模又は特定役員の引継ぎ ⇒被合併法人の主要な事業のいずれかの事業とその事業に関連する合併法人の事業規模が5倍を超えないこと又は特定役員の引継ぎが行われることのいずれかを満たすこと。
(ニ) 従業者の引継ぎ ⇒合併により移転する事業に係る従業者のおおむね80%以上の者が、その合併法人の業務に従事すること。
(ホ) 事業の継続 ⇒被合併法人の主要な事業が合併後に合併法人において継続して営まれること。
(ヘ) 株式等の継続保有 ⇒合併により交付した株式等のうち、当該株式等の全部を継続して保有することが見込まれる株主等が有する株式等を合計した割合が80%以上であること。

公益法人について、適格合併の要件を当てはめてみると、株式保有概念がないことから、上記(ロ)(ハ)(ニ)(ホ)に掲げる要件を充足するかどうかで、適格合併又は非適格合併の判定を実施することになると考えられます。

③　みなし事業年度

公益法人制度改革後、公益法人の事業年度は定款に定められることとなります。定款に定められた事業年度は、原則として、各事業年度の所得に対する法人税の課税標準の算定単位となります。

ただし、法人が収益事業課税から全所得課税へ移行した場合など、法人につき課税所得の範囲の変更等があった場合には、その事業年度開始の日から課税所得の範囲の変更等があった日の前日まで期間を一事業年度とみなして、法人税の課税関係を成立させます。これが、みなし事業年度の制度となります。

④　収支計算書の提出対象法人の範囲

(イ)　収支計算書提出制度の概要

公益法人等は、確定申告書を提出する場合を除き、その事業年度終了の日の翌日から4月以内に収支計算書を提出しなければなりません。

ただし、年間の収入金額が8,000万円以下の公益法人等は、提出対象法人から除外されています。この場合における収入金額とは、事業年度単位で計算した基本財産等の運用益、会費、寄附金、事業収入などの収入金額の合計額となり、臨時的に発生する資産の売却収入は含まれません。

(ロ)　収支計算書提出制度の適用対象法人

現行制度における収支計算書の提出法人は、下記に掲げるとおりです。

平成20年度税制改正では、この適用対象法人の範囲に、公益社団法人及び公益財団法人並びに非営利一般法人に追加するほか、届出及び添付書類に関し所要の整備を行うこととしています。

区　　　　分		判　定
法人税法以外の法律によって公益法人等とみなされる法人（管理組合法人、認可を受けた地縁による団体等）		適用なし
公益法人等（法人税法別表第二に掲げるもの）	寄附金収入や会費収入などを含めた年間の収入金額（臨時的な収入を除く。）が8,000万円以下の小規模な法人	
	収益事業を営む法人でその事業年度につき確定申告書を提出する必要のある法人	
	上記以外の法人	適用あり

⑤　外国公益法人等の指定制度の廃止

　法人税法における公益法人等は、別表第二に掲げられております。その別表に掲げられている内国法人のうち、いずれかのものの国外に源泉がある所得（収益事業から生ずる所得を除く。）について、法人税に相当する税を課さないこととしている外国に本店又は主たる事務所を有する外国法人で財務大臣が指定したものは、公益法人等の範囲に含まれることとしています。

　この外国公益法人等の指定制度について、既に指定を受けている外国法人に対する所要の経過措置を講じたうえ、廃止することになりました。

⑥　贈与税等の租税回避の防止措置

　一般社団法人及び一般財団法人等の持分の定めのない法人は、その法人が利益分配を目的としていなくても、実質的に給与やフリンジベネフィットという形で利益分配を行ったり、解散時に残余財産の帰属という方法により利益を分配したりすることは可能です。つまり、持分の定めのない法人に対して財産の贈与等を行うことにより、実質的に贈与税等の租税回避が可能となります。このような法人の特性や実態等を踏まえれば、営利法人と中立的、かつ、租税回避手段としての濫用を防止する必要があるため、次の措置を講ずることとなりました。

(イ)　公益法人等に対する贈与等を利用した贈与税等の租税回避を防止するための制度について、適用対象を一般社団法人及び一般財団法人等の持分の定めのない法人とする。
(ロ)　(イ)により持分の定めのない法人に贈与税等を課税する場合において、受贈益が当該法人の益金の額に算入される場合でも、当該法人に対し贈与税等を課税（法人税等は控除）する。

【贈与税等の租税回避の防止措置のイメージ】

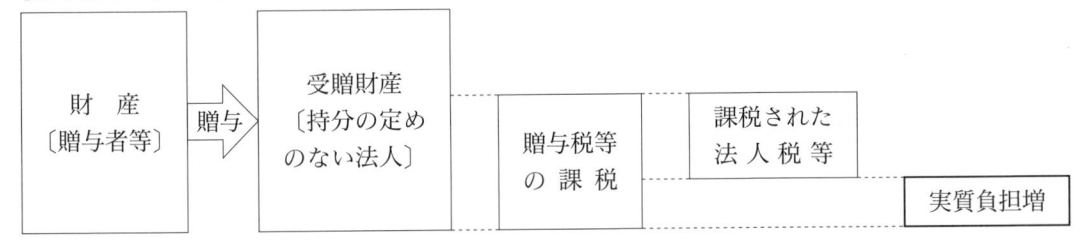

```
財　産          受贈財産           課税された
〔贈与者等〕 →贈与→ 〔持分の定め ……  贈与税等 …… 法人税等
                のない法人〕        の　課　税              ……  実質負担増
```

(10) 地方税

公益法人制度改革に基づく地方税の整備は、次に掲げるとおり、特例民法法人に対する経過措置、法人税における取扱いに準じた対応がなされております。

区　分	内　　容
① 法人住民税	(イ) 法人住民税均等割 　㋑　公益社団法人及び公益財団法人並びに一般社団法人及び一般財団法人について、最低税率を適用する。 　㋺　博物館の設置又は学術の研究を目的とする公益社団法人又は公益財団法人が収益事業を行わない場合には、非課税とする。 　㋩　人格のない社団等で収益事業を行わないものについて、非課税とする。 　㊁　人格のない社団等、公益法人等（個別法において公益法人等とみなされるものを含み、独立行政法人を除く。）など資本金の額又は出資金の額を有しない法人（相互会社を除く。）について均等割を課す場合には、最低税率を適用する。 (ロ) 法人住民税法人税割 　　法人税における取扱いを踏まえ、所要の措置を講ずる。
② 法人事業税	(イ) 公益社団法人及び公益財団法人並びに一般社団法人及び一般財団法人について、所得割額又は収入割額によって課税する。 (ロ) 法人事業税所得割について、法人税における取扱いを踏まえ、所要の措置を講ずる。
③ 固定資産税及び都市計画税	(イ) 公益社団法人又は公益財団法人が設置する施設について、旧民法第34条法人が設置するものと同様に非課税とする。 (ロ) 一般社団法人又は一般財団法人に移行した法人が設置する施設で、移行の日の前日において非課税とされていたものについて、平成25年度分まで非課税措置を継続する。 (ハ) 特例民法法人から一般社団法人又は一般財団法人に移行する法人が設置する施設については、今後移行状況や施設の使用実態等を把握したうえで、これまで一定の用途に供する施設に対して非課税措置が講じられてきた経緯も踏まえながら、平成25年度までの間にできるだけ速やかに必要な検討を行い、適切な措置を講ずる。

		(ニ) 公益社団法人又は公益財団法人が所有する文化財保護法に規定する重要無形文化財に指定された伝統芸能の公演のための専用施設の用に供する家屋及び土地に係る固定資産税及び都市計画税について、課税標準を平成22年度までの各年度分に限り、価格の2分の1とする措置を講ずる。
④	不動産取得税	(イ) 旧民法第34条法人が使用するために取得した場合に非課税措置が講じられている施設について、公益社団法人又は公益財団法人が使用するために取得した場合を非課税とする。 (ロ) 公益社団法人又は公益財団法人が取得する文化財保護法に規定する重要無形文化財に指定された伝統芸能の公演のための専用施設の用に供する不動産に係る不動産取得税について、当該不動産の価格の2分の1に相当する額を価格から控除する課税標準の特例措置を平成23年3月31日まで講ずる。
⑤	事業所税	(イ) 公益社団法人及び公益財団法人並びに一般社団法人及び一般財団法人に対する事業所税の課税の範囲については、法人税と同様とする。 (ロ) 公益社団法人若しくは公益財団法人又は一般社団法人若しくは一般財団法人(一般社団法人及び一般財団法人にあっては、法人税において収益事業課税が適用されるものに限る。)が経営する専ら勤労者の利用に供する福利又は厚生のための施設について非課税とする。
⑥	その他	(イ) 特例民法法人について旧民法第34条法人と同様の措置を講ずる。 (ロ) その他所要の措置を講ずる。
⑦	適用時期	上記については、平成20年12月1日から適用する。ただし、①(イ)(ハ)(ニ)については、平成20年4月1日から適用する。

【参考:固定資産税・都市計画税及び不動産取得税の現行の取扱い】

現行の民法34条法人に係る非課税対象施設	現　　　行	
	固定資産税・都市計画税	不動産取得税
① 医療関係者の養成所	非課税	非課税
② 児童福祉施設	非課税	非課税
③ 老人福祉施設	非課税	非課税
④ その他社会福祉施設	非課税	非課税
⑤ 幼稚園	非課税	非課税
⑥ 博物館	非課税	非課税
⑦ 図書館	非課税	非課税
⑧ 学術の研究施設	非課税	非課税
⑨ 寄宿舎	非課税	×課税
⑩ 認定職業訓練施設	×課税	非課税

【参考文献等】

新たな非営利法人に関する課税及び寄附金税制についての基本的考え方
　　平成17年6月　税制調査会　基礎問題小委員会　非営利法人課税ワーキング・グループ

公益認定等に係る政令の制定の立案及び内閣府令の制定について　答申
　　平成19年6月15日　内閣府　公益認定等委員会

公益法人会計基準の改正等について
　　平成16年10月14日　公益法人等の指導監督等に関する関係省庁連絡会議幹事会申合せ

公益法人会計基準の運用指針について
　　平成17年3月23日　公益法人等の指導監督等に関する関係省庁連絡会議幹事会申合せ

公益法人会計における内部管理事項について
　　平成17年3月23日　公益法人等の指導監督等に関する関係省庁連絡会議幹事会申合せ

公益法人会計基準に関する実務指針
　　平成17年6月13日　日本公認会計士協会非営利法人委員会研究報告第28号

公益法人会計基準に関する実務指針（その2）
　　平成18年4月13日　日本公認会計士協会非営利法人委員会研究報告第29号

公益法人会計基準に関する実務指針（その3）
　　平成19年3月29日　日本公認会計士協会非営利法人委員会研究報告第31号

新公益法人会計基準適用に伴う収支予算及び収支計算書の取扱いについて
　　平成17年11月9日　日本公認会計士協会非営利法人委員会研究報告第15号

新会計基準への移行に基づく公益法人監査における監査上の取扱い
　　平成19年1月16日　日本公認会計士協会非営利法人委員会研究報告第30号

全国公益法人協会　機関誌　『月刊　公益法人』、『非営利法人』

法人の減価償却制度の改正に関するQ&A　平成19年4月国税庁

公益法人の会計・税務　新日本監査法人　公会計部　公益法人部［編］　清文社

苅米　裕（かりごめ　ゆたか）

　　昭和61年3月　　法政大学経済学部商業学科　卒業
　　昭和62年9月　　学校法人大原学園　大原簿記学校　入社
　　　　　　　　　　（税理士科　教務部　法人税法担当）
　　平成2年9月　　右山昌一郎税理士事務所　入所
　　平成4年10月　　税理士登録
　　平成15年6月　　苅米裕税理士事務所　開業
　　平成17年3月　　慶應義塾大学大学院法学研究科　租税訴訟補佐人講座　修了

　現在、
　・東京税理士会　日本税務会計学会　税法部門委員
　・東京税理士会　会員相談室テレフォン相談担当
　・東京税理士会　芝支部　副支部長
　・右山研究グループ会員
　等を務める。

　〔主な著書〕
　・『対話と記載例でわかる会社決算と法人税の申告実務ガイド』（税務研究会）
　・『会社と役員をめぐる税務の常識』（財団法人大蔵財務協会税のしるべ総局）
　・『中小企業のための　事業承継戦略と税実務』（共著・財経詳報社）
　　　　　　　　　　　　　　　　　　　　　　　　その他、共著、論文多数

公益法人をめぐる新しい会計・制度・税務

　　平成20年2月14日　初版発行Ⓒ

　　　　　著者　苅　米　　　裕
　　　　　発行者　富　高　克　典
　　　　―――――――――――――――――――
　　　　　発行所　株式会社　財経詳報社

　　　　　　　〒105-0021　東京都港区東新橋1-2-14
　　　　　　　電話　　03(3572)0624㈹
　　　　　　　FAX　　03(3572)5189
　　　　　　　振替口座　00170-8-26500
　　　　　　　Printed in Japan 2008
　　――――――――――――――――――――――――
　　　落丁、乱丁はお取り替えいたします。印刷製本　創栄図書印刷
　　　　　　　　ISBN 978-4-88177-694-0